교사의 배움을 액티브하게 하는 수업연구

라운드 스터디

고사의 배움을 액티브하게 하는 수업연구

라운드
스터디

초판 1쇄 인쇄 2018년 11월 3일
초판 1쇄 발행 2018년 11월 11일

엮은이 이시이 데루마사 · 하라다 사부로 · 구로다 마유미
옮긴이 백경석
펴낸이 김승희
펴낸곳 도서출판 살림터

기획 정광일
편집 조현주
북디자인 꼬리별

인쇄·제본 (주)현문
종이 월드페이퍼(주)

주소 서울시 양천구 목동동로 293, 22층 2215-1호
전화 02-3141-6553
팩스 02-3141-6555
출판등록 2008년 3월 18일 제313-1990-12호
이메일 gwang80@hanmail.net
블로그 http://blog.naver.com/dkffk1020

ISBN 979-11-5930-076-9 03370

*가격은 뒤표지에 있습니다.
*잘못된 책은 바꾸어 드립니다.

이 도서의 국립중앙도서관 출판예정도서목록(CIP)은
서지정보유통지원시스템 홈페이지(http://seoji.nl.go.kr)와
국가자료공동목록시스템(http://www.nl.go.kr/kolisnet)에서 이용하실 수 있습니다.
(CIP제어번호: CIP2018032194)

교사의 배움을 액티브하게 하는 수업연구

라운드 스터디

이시이 데루마사·하라다 사부로·구로다 마유미 엮음
백경석 옮김

살림터

선생님, 수업협의회 어떻게 하고 계시나요?

저는 '함께 배움'이라는, 학생들이 수업에 능동적으로 참여하는 액티브한 수업을 우리나라에 소개하였습니다. 수업을 잘하지는 못하지만, 소개하는 입장이라 불가피하게 여러 번 공개수업을 했습니다. 작년에는 매주 1회씩 3주 연속 공개수업을 한 적도 있습니다.

그런데 함께 배움을 통한 어린이들의 배움은 액티브하게 바뀌었는데 선생님들의 배움인 수업협의회는 전혀 액티브하지 않았습니다. 27년 전 모습 그대로입니다. 수업자 소감, 돌아가면서 한마디씩, 그리고 관리자나 장학사 혹은 교수의 강평으로 이어지는 모습이 27년 전 저의 초임 시절과 똑같습니다.

약간 달라진 점을 굳이 찾으라면, 초임 시절 수업협의회에서는 직접적인 지적을 받아 심한 모욕감을 느낀 적도 있었는데 요즘에는 대부분 좋은 이야기만 한다는 정도입니다. 직접 지적을 받지 않아 기분이 나쁘지는 않지만, 협의회를 통한 새로운 배움이 거의 없다는 점이 문제입니다. 덕담 수준의 말만 듣고 나옵니다. 이럴 때는 '굳이 왜 이런 수업협의회를 할까? 다른 바쁜 일도 많은데…'라는 생각이 들기도 합니다.

라운드 스터디, 이 책은 세 가지를 저에게 일깨워 주었습니다.

첫째, 수업협의회를 비롯한 교사의 연수에는 두 가지 방향이 있다.

둘째, 성찰reflection에 두 가지 수준이 있다.

셋째, 교사들만의 수업협의회에서도 전문가 수준의 결과를 낼 수 있다.

우선, 우리나라에서 일반적으로 해 왔던 제가 알고 있던 수업협의회 방식 말고 다른 방식이 있었다는 점이 신선한 충격이었습니다. 상세한 수업지도안을 작성하고, 수업 공개를 한 후, 수업협의회를 하는 방식(효과검증 지향 수업연구) 말고 다른 방식이 있었다는 것입니다.

자기 학급에서 일어난 일을 자신의 말로 이야기해 온 방식(경험이해

지향의 수업연구)입니다. 또 실천에만 머물지 않고, 그 실천 속에 있는 의미를 찾아내어 일반화하고 기록해 왔다는 점입니다. 저는 이런 경험이해지향 수업연구는 거의 접해 보지 못했습니다. 초임 시절에 술자리에서 선배 교사의 수업 이야기를 들어 보았을 뿐입니다.

4차 산업혁명시대라고 합니다. 인공지능의 시대라고도 합니다. 일본 최초의 민간인 출신 교장이었던 후지와라 가즈히로藤原 和博는 앞으로 필요한 능력을 '퍼즐과 레고'에 비유해 설명합니다.

퍼즐은 꼭 맞는 자리에 조각을 맞추어야 완성할 수 있습니다. 때문에 정답이 있습니다. 패턴을 찾아내고 그 패턴에 맞는 조각을 신속하게 찾아내는 능력이 필요합니다. 이런 능력은 대량생산에 적합한 능력입니다. 기초학력과 규칙, 정확성, 속도가 중요시됩니다.

반면에 레고는 어떻습니까? 레고는 자신이 납득해야 완성됩니다. 정해진 답이 따로 없습니다. '또 다른 멋진 방법이 있지 않을까'라고 생각하

패턴 인식 정확 신속
퍼즐형 능력(굴뚝산업 시대)

유연성 편집력 응용력
레고형 능력(인공지능 시대)

는 생각의 유연성이 요구됩니다. 또, 배운 지식을 실제 사회에서 응용할 수 있는 활용 능력도 필요합니다. 경계가 불분명해지고, 각자가 자신에게 맞는 답을 찾아야 할 시대입니다.

수업에서 A라는 방법을 사용하면 B라는 효과가 있다. 그러니 C가 아닌 A로 하라는 기존의 수업협의회 방식은 더 이상 통용되지 않습니다. 이런 방식은 굴뚝산업 시대에 통했던 방식입니다. 레고처럼 각자가 자신의 학급에 맞는 방법을 찾아야만 합니다. 라운드 스터디는 자기 학급에서 일어난 일을 자신의 말로 이야기해 온 그 방식을 잇는 것입니다. 그리고 자신만의 울타리 안에 있는 것이 아니라, 집단적 지성의 지원을 받는 방식입니다. 바로 인공지능 시대의 수업협의회 방법, 교사 연수 방법입니다.

둘째, 성찰에는 두 가지 수준이 있습니다. 최근에는 교육계에도 회사의 경영 기법인 PDCA가 도입되어 목표 관리 경영을 꾀하고 있습니다. 즉, 계획하고 실행하여, 그 결과를 평가하고 다시 조정하는 순환을 계속하는 기법입니다. 계획하고 실천한 것이 제대로 되었는지 평가하는 것은 낮은 수준의 성찰입니다. 반면에 높은 수준의 성찰은 왜 이런 결과가 나왔는지 처음의 계획에 비추어 보는 것을 넘어선, 전체적인 시스템 속에서 되돌아보는 활동입니다.

예를 들면, 수학 수업에서 A라는 방식을 도입했더니, 학급 평균이

10점 올랐다고 합시다. 이때 A라는 방식이 학력 향상에 도움이 된다는 점을 단순히 발견하는 것은 낮은 수준의 성찰입니다.

반면에, 높은 수준의 성찰은 왜 A라는 방식이 학력 향상에 기여했을지 학급 시스템 전체에서 되돌아보는 것입니다. 그리고 전제가 되는 조건을 종합적으로 검토하는 것입니다. 그랬더니 A라는 방식이 학생들의 상호작용을 높였다는 점을 파악했다면, '아, 우리 학급에서는 상호작용을 높이면 학력이 향상되는구나!', 그러니 다른 과목에서도 A라는 방법만이 아닌 학생들의 상호작용을 높이는 활동을 시도해 보아야겠다고 판단할 수 있습니다.

그런데 전제 조건을 종합적으로 검토하는 것은 쉽지 않습니다. 왜냐하면 인간은 자신만의 생각에 치우치기 쉽기 때문입니다. 특히 교실과 같은 일종의 닫힌 공간 속의 교사들에게 그런 경향이 더 강합니다. 라운드 스터디 방식은 여러 사람과의 허심탄회한 대화를 통해 다른 사람의 시각을 파악할 수 있기 때문에 어떤 사항에 대해 다면적으로 검토할 수 있습니다. 일종의 복안複眼적 사고가 형성됩니다.

    종래의 보통 수업협의회에는 언제나 좌장이 있습니다. 좌장은 관리자나 장학사, 혹은 교수입니다. 저는 그런 분들의 지도를 받아 자기 수업이 개선되었다는 사례를 거의 들어 본 적이 없습니다. 정직하게 이야기하면, 들려준 말씀은 깊이가 있지만 내 학급에 맞지 않는 내용이 대부분입니다. 종종 그분들의 이야기는 일반론이나 당신의 경험론에 불과합니다. 안타깝게도 내 수업의 개선에는 도움이 되지 않았습니다. 교육이야말로 가장 상황 맥락적이기 때문입니다. 지금 이 학생에게 맞지 않으면 해결할 수 없는 일이 너무 많습니다.

    그렇다면 좌장 없이 평범한 교사들만의 수업협의회를 하면 어떨까요? 한번은 이런 일이 있었습니다. 그날 수업협의회의 좌장은 교감 선생님이었는데 교육청의 급한 요청으로 수업협의회가 시작된 지 얼마 되지 않아 그만 출장을 떠난 일이 있었습니다. 선생님들만 남았습니다. 결국 이날 수업협의회는 제 교직생활 중에서 가장 짧게 끝난 수업협의회가 되었습니다. '왜 이런 것을 하느냐? 교감 선생님도 없으니, 빨리 끝내 달라는' 선생님들의 묵언의 요구를 거절할 수 없었기 때문입니다.

셋째, 라운드 스터디는 평범한 교사들만 모여도 전문가 수준의, 어쩌면 그 이상의, 더 실제적인 통찰을 얻을 수 있습니다. 라운드 스터디에서 1라운드의 대화를 들어 보면 보통의 수업협의회나 분임토의와 같이 목소리가 큰 사람이나 경험이 많은 선생님이 대화를 주도합니다. 다른 분들은 묵묵히 듣고 있습니다.

그런데 2라운드에서는 각각 다른 테이블로 옮깁니다. 이때 1라운드에서 묵묵히 듣고만 있었던 분도 다른 테이블에서는 1라운드 테이블의 대표가 됩니다. 그리고 발언을 하게 됩니다. 또 다른 테이블에서 온 선생님들의 의견을 듣게 됩니다. 처음에는 자신의 생각이 없었던 선생님도 점차 다면적 이해를 하게 됩니다.

3라운드에는 다시 원래의 테이블로 모두 돌아오는데, 이제 1라운드와는 상황이 많이 다릅니다. 2라운드에서 들은 것이 있기 때문입니다. 2라운드 여행에서 듣고 배운 보따리를 3라운드에서 다 풀어내고, 그것을 그날의 연수 주제 맞추어 정리하여 발표 준비를 합니다. 이런 과정을 통해 평교사들만의 대화를 통해서도 라운드를 거듭할수록 안목이 생기고 복안적 사고를 하게 됩니다.

최종 라운드에서는 각 테이블의 결과를 발표하고 그 결과들을 분류, 정리하는 활동을 합니다. 이 활동을 통해 전체의 의견이 수렴되어 더욱 높은 개념이나 통찰이 이루어집니다. 집단지성의 힘으로 전문가 이상의 안목과 실천적 지식을 갖게 됩니다. 내 수업을 개선할 수 있는 실천적 지식을 얻게 됩니다.

라운드 스터디는 월드 카페를 개선한 교사 연수 방법입니다. 월드 카페의 민주적인 정신은 살리고 절차와 방법을 정형화하고 간소화했습니다. 그래서 누구나 쉽게 활용할 수 있도록 했습니다. 『라운드 스터디』는 2017년 1월에 일본에서 출간되었습니다. 즉시 구입해 읽어 보니, 정말 지금 우리나라 교육현장에 꼭 필요한 내용이었습니다.

그래서 2017학년도 1년 동안 우리나라에서 적용해 보았습니다. 저의 공개수업 후의 수업협의회에서 3회, 학생들과의 수업에서 6회, 교생 대상 수업협의회에서 1회, 교사 연수 형식으로 5회 실천해 보았습니다. 실천 후의 설문조사 결과는 일본보다 더 만족도가 높았습니다(다음카페의 함께배움연구회에 관련 내용이 탑재되어 있음). 선생님들의 만족도가 좋아서 재직하고 있는 학교의 모든 수업협의회는 라운드 스터디 방식으로 진행되었습니다. 학년말 전 직원 반성회에서도 만족도가 높게 나왔음은 물론입니다. 또 수업으로 실시한 학생들의 반응도 거의 폭발적인 수준이 었습니다. 교생을 대상으로 한 수업협의회에서도 집단지성이 발휘되어 수업에 대한 새로운 안목이 형성되는 것을 관찰할 수 있었습니다.

『라운드 스터디』는 모두 4장으로 구성되어 있습니다. 1장은 교사 연수에 대한 역사적, 이론적 배경을 설명하고 있습니다. 그리고 앞으로 필요한 연수는 어때야 하는지를 소개하고 있습니다. 이 책 전체의 토대가 되는 내용입니다. 글이 만연체이고 이론적인 내용이라 천천히 생각하면서 읽으실 것을 권해 드립니다. 2~4장을 먼저 읽고 가장 마지막에 읽는 방법도 좋습니다.

2장은 이 책의 핵심인 라운드 스터디는 어떤 연수 방법인지 자세하게 안내하고 있습니다. 2장에 소개된 방법대로만 하는 것은 아닙니다. 하지만 도입 초기에는 이 표준적인 방법을 그대로 적용해 보실 것을 권해 드립니다.

3장은 라운드 스터디를 적용한 수업협의회의 사례를 소개하고 있습니다. 초등 사례 6개, 중등 사례 3개 모두 9개의 사례가 소개되고 있습니다. 과목별로는 수학 1개, 국어 2개, 사회 1개, 과학 2개, 총합과목 3개의 사례입니다. 9개 사례 모두가 흥미롭지만, 원자폭탄 투하에 대한 일본 학생들의 생각과 선생님들의 판단을 읽을 수 있는 사회과 사례가 저는 가장 재미있었습니다.

총합과목은 우리나라의 창체와 비슷합니다. 교과서 없이 학생들의 흥미나 관심 등을 바탕으로 학생들이 스스로 구성하고 진행해 가는 교과로, 학생들의 자발적 탐구가 강조되고 있습니다.

마지막 4장은 3명의 편저자가 각각 자신의 입장에서 라운드 스터디의 개발 계기, 대화적 특징, 교사의 배움과 어린이의 배움의 유사점에 대해 이야기하고 있습니다.

최근, '2022학년도 대입개편 공론화' 논란에서 보듯이 교육은 단순하지 않습니다. 절대평가가 좋은지 상대평가가 좋은지와 같은 이분법적인 논리로 풀 수 없습니다. 오히려 갈등만 증폭되고 깊은 후유증을 남기기 쉽습니다.

교육문제를 정부나 사회가 해결해 주기를 기다릴 정도로 학교는 한가

하지 않습니다. 격차, 폭력, 따돌림 등 이미 병이 깊은 지 오래입니다. 이 병은 권력자나 권위자가 해결할 수 있는 차원이 아닙니다. 일차적으로 학생들과 직접 접촉하고 있는 교사가 주체적으로 풀어야 합니다.

현장은 너무 바쁩니다. 주위를 되돌아볼 여유가 없습니다. 그러다 보니 아픔은 점점 깊어만 갑니다. 이런 악순환을 깨는 도구가 저는 라운드 스터디라고 생각합니다. 라운드 스터디는 수업협의회 하나만을 바꾸는 것이 아닙니다. 라운드 스터디의 집단지성으로, 교사의 힘으로 우리 교육을 건강하게 회복할 수 있는 계기가 될 것입니다.

2018년 11월

아침 해가 드는 창가에서

백경석

"교육은 말이 아니다. 그것은 삶의 태도다. 교사가 어떻게 사는지가
교육의 기본이다."

도이 요시오東井 義雄가 이렇게 말한 것은 배움에 대한 교사의 자세가
학생들의 배움에도 영향을 끼치기 때문일 것입니다. 결국 배움에 대한
교사의 자세는 학교와 교육문화 형성에 직간접적으로 영향을 미칩니다.

최근에 참여형 교사 연수가 활발하게 개최되고 있는 것도, 교사가 자
신의 배움에 대해 다시 묻는 것도, 교사의 배움이 어린이들의 성장과 학
교문화에 영향을 주기 때문일 것입니다.

지금, 이 교사의 배움이 크게 변하고 있습니다. 좋은 학습자로서의 교
사는 어떻게 배워야 하는지에 대해서도 다양한 의견이 있습니다. '바쁘
다'는 말이 일상이 된 교육현장에서, 자신의 배움에 대해 되묻는 것은,
깊이 생각해 보면 많은 교사가 자신이 하는 일에 긍지를 갖고 있기 때
문이 아닐까요? '가르친다'는 행위를 신중히 직시하여 그 본질을 파악하
려면 자신의 배움에 대한 성찰을 해야만 하기 때문입니다.

배움에 대한 학생들의 자세에서 변화를 이끌어 내려면 배움에 대한 교사의 자세를 개선해 가야 하는 것이 당연한 이치입니다. 우리 교육현장에는 많은 문제가 있습니다. 하지만 긍지를 갖고, 자신의 배움을 끊임없이 성찰하고 개선하는 선생님의 노력을 통해 함께 생활하는 어린이들의 풍요로운 하루하루를 만들어 가면 앞으로의 교육을 움직일 수 있을 것입니다.

2030년의 사회와 어린이들의 미래를 위해 새로운 학습지도요령이 만들어졌습니다. 새로운 학습지도요령에서는 '주체적 대화를 통한 깊은 배움'이 있는 수업을 요구합니다. 라운드 스터디는 이 '주체적 대화를 통한 깊은 배움'을 교사 자신이 체감할 수 있는 연수 방법입니다. 이 방법의 장점은 모든 사람들이 연수에 적극적으로 참여하게 됨으로써 연수에의 공헌도가 높은 점입니다. 그런데 가장 특징적인 것은 라운드 스터디는 연수의 목적에 따라 다양한 형태로 전개할 수 있는 유연함이 있다는 것입니다.

라운드 스터디를 체험하면, 연수의 전개를 이렇게 바꾸면 좀 더 성과가 오르는 것은 아닌지, 저렇게 조합하면 수업에서도 활용할 수 있지 않을까 등의 영감이 떠올라 새로운 아이디어가 생기는 경우가 많습니다.

본문의 사례(3장)에서도 새로운 아이디어가 창조되는 것을 볼 수 있습니다. 이것은 사실 당연한 일입니다. 왜냐하면 라운드 스터디는 '주체적 대화를 통한 깊은 배움'을 지향하기 때문입니다. 다른 사람의 생각을 받아들이면서 동시에 자신의 생각을 말하는 것은, 바로 주체적 사고입니다. 참여자 간의 수평적 관계와 비구조적 장면에서의 자유로운 대화는 다양한 생각과 발상을 이끌어 냅니다. 흩어진 지식을 연결하고 전체를 조감할 수 있는 과정을 거치면서 배움이 깊어집니다. 바로 이런 과정속에 '주체적 대화를 통한 깊은 배움'을 체감하고, 즐기는 선생님들의 모습이 있습니다.

이 책은 교사의 배움의 혁신이라는 토양에서 싹튼 작은 새싹에 불과합니다. 이 작은 것으로부터 어떤 꽃이 피고, 열매가 달릴 것인가는 라

운드 스터디를 실천하는 선생님들의 '주체적 대화를 통한 깊은 배움'에
임하는 실천적 노력에 달려 있습니다.

하라다 사부로原田 三郞

1장

지금부터
교사에게 요구되는
배움이란?

교사에 의한, 교사의 성장을 위한 실천연구

전쟁 전후에 일본의 교사들은 교육 실천기록을 계속해 왔습니다. 또 교육단체나 공부모임을 조직하여 수업을 집단적으로 검토하는 수업연구를 자발적, 주체적으로 실천해 왔습니다. 이러한 자생적인 교사들의 함께 배우는 문화가 일본 교육의 질을 지탱해 왔습니다. 특히 수업연구lesson study는 미국을 비롯한 세계의 주목을 받고 있습니다.

　　자질·능력의 중시나 학습자 중심 수업으로의 전환이 요구되고 있습니다. 그것을 짊어지고 있는 교사의 배움과 연찬을 어떻게 뒷받침할 것인지가 과제가 되고 있습니다. 교사들의 실천연구 문화의 본질이 어디에 있으며 라운드 스터디라고 하는 함께 배우는 기법은 어떤 의미를 지니고 있을까요? 1장에서는 교사들의 배움의 구조를 확인하면서 위와 같은 질문에 대해 생각해 봅시다.

수업연구의 전통과 현대적 과제

1. 교사들의 연구 문화

최근에 수업연구(수업 공개와 공개 수업의 사전·사후 검토회를 통해 교사들이 서로 배우는 교내 연수 방법)를 비롯한 교사들의 실천연구 문화가 재평가되고 있습니다.

수업연구의 역사적 기원은 메이지明治 시대 초기까지 올라갑니다. 서양식 일제 수업 방식의 도입과 보급이 추진되면서, 모범이 되는 방법을 실천적으로 배우기 위한 교사 연수가 실시되었습니다. 상세한 지도안 작성, 수업 공개 그리고 참관자가 포함된 수업비평회를 개최하는 형식의 교사 연수가 시작된 것입니다(효과검증 지향 수업연구).

한편, 위와 같은 효과검증식 수업연구를, 교육의 실천적 측면에서 재검토하는 움직임이 다이쇼(大正 1912~1926년) 시대의 신교육운동에서 나타납니다. 이 다이쇼 자유교육의 대표적 학교 가운데 하나인 지도노무라 초등학교兒童の村小学校 교사들은 신소설을 모델로 한 이야기식 실천

기록 스타일을 만들어 냅니다.

이야기식 실천기록은 수업 방식보다는 교실에서의 교사와 어린이들의 생생한 생활 경험을 기술했습니다. 국가의 의사를 내면화한 교사상을 넘어서, 자기 자신의 실천 경험을 자신의 언어로 말하고, 의미를 부여해 가는 연구적 실천가로서의 탄생이라는 의미가 있습니다(경험이해 지향 수업연구).

이처럼 교사들의 실천연구 문화는, 하나의 사례 연구를 통해 효과적인 수업 방법을 실천적으로 검증하여, 수업이나 어린이를 보는 방식을 다채롭게 하는 수준을 넘어선 철학적 연구 경향을 보이고 있다는 점을 강조하고 싶습니다.

교사 자신이 교실에서 실명의 어린이들과의 일화나 대화를 일인칭 시점의 이야기 조로 기록한 실천기록이 다수 간행된 점을 빼고서는 일본 교사들의 실천연구 문화를 말할 수 없습니다. 나아가 교사들은 실천을 꾸준히 기록하면서, 그 실천에 담겨 있는 이론theory in practice을 자신의 힘으로 추상화·일반화하고, 그것을 비유나 일화를 포함한 뚜렷한 계통 체계를 세워 이야기해 온 사실에 주목할 필요가 있습니다.

사이토 요시히로斎藤 喜博나 오무라 하마大村 はま 같은 저명한 실천가의 일련의 저작은 실천기록이라는 영역을 넘어선, 소위 '구도자로서의 교사의 길'을 설파합니다. 동시에 수준 높은 교육사상과 교육이론의 텍스트이기도 합니다.

2. 수업연구와 교사의 배움의 과제

얼마 전부터 일본에서는 학력 향상과 이를 위한 수업 개선에 대한 목소리가 높아져, 수업 공개를 중심으로 한 교내 연수가 더 많은 학교에서 실시되고 있습니다. 아울러 학교를 둘러싼 문제들이 복잡해지고, 교사나 학교에의 신뢰가 흔들리고 있습니다. 이런 위기를 극복하기 위해 교사 개개인의 능력 향상이라는 시점뿐만 아니라, 학교의 조직력을 높이려는 시각이 나타나기 시작했습니다. 즉, 학습하는 학교의 중심(교사들이 함께 역량을 높이고, 지식을 공유하고 축적해서 연대를 만들어 내는 장)으로서의 수업연구의 의미에도 주목하고 있습니다.

하지만 PDCA 사이클plan-do-check-act cycle이 학교현장에 보급되고 있는 흐름 속에서, 실천연구로서의 수업연구도 수업 개선, 학교 개선을 효과적으로 달성하기 위한 수단으로만 전락해 버릴 위험이 있습니다. 왜냐하면 지도안 검토가 교육청 등이 개발한 표준적 지도안의 항목을 채우는 일이 되거나, 수업 후의 검토회가 PDCA 사이클에 따라 수업 반성과 개선 계획 수립이라는 형태로 왜소화되었기 때문입니다.

또한 현장에는 지식 창조에 필요한 여유나 대화 기회가 줄어들어 교사 간의 동료성이 약해지고 있습니다. 아울러 즉시 사용할 수 있는 실전적 지도력이 강조되어, 교사나 학교의 실천연구·이론 창출 능력, 문제를 깊게 통찰하는 능력이 약해지고 있습니다. 이런 맥락에서 함께하는 교내 연수로서의 수업연구(라운드 스터디)는 교사의 역량 형성에 어떤 의미를 지닐까요? 또 효과적인 교사의 배움을 만들어 내려면 무엇이 핵심이 되어야 할까요?

> 교사들은 교육 실천 속에 매몰된 이론을 스스로의 힘으로 추상화·일반화하였을 뿐만 아니라 일화나 비유를 적절히 구사하여 생생하면서도 체계적인 계통을 세워 왔다.

배움으로서의 수업연구의 의미

1. 교사의 일과 실천적 판단의 중요성

수업뿐만 아니라 교사의 일은 기본적으로 복잡성과 불확실성이 그 특징입니다. 의사나 변호사처럼 전문직이라고 부르는 다른 직종은 전문성의 근거가 되는 전문적 지식이 명확하지만, 교직은 포괄성과 복잡성 때문에 전문적 지식을 명확히 하는 것이 곤란합니다.

예를 들어 전문교과의 학문적 내용을 숙지하고 있고, 또 아동의 학습이나 발달과정을 깊게 이해하는 것만으로 교육 활동은 성립하지 않습니다. 또한 학문적 이론과 학습자의 논리는 반드시 일치하지도 않습니다. 양자를 연결하기 위해서는 학습자를 특정하고, 학문의 지식을 교육 내용으로 바꾸어 학습 활동을 교육적 의도에 맞게 조직화하여 가르치는 방법에 관한 지식, 즉 교수학적 지견知見이 필요합니다. 나아가 지향하는 교육 목적과 수업 목표 자체도 계속 성찰해야 합니다.

수업에서 일반화된 몇 개의 기법이나 'ㅇㅇ 방식'의 적용만으로는 수업이 원활하게 수행되지 못하는 게 분명하지 않습니까? 학생, 교사, 교재가 만들어 내는 상호작용 속에서 교사는 어린이들의 개성적인 반응을 수용, 공감하여 이에 맞춘 기술을 조합하거나 새로운 것을 만들어 냅니다. 또는 과감하게 최초의 계획을 변경하거나, 수업 목표의 설정을 바꾸는 등 즉흥적인 판단이 요구되기도 합니다.

이런 교사의 판단이나 숙고, 배려의 중요성은 '교육적 감각'(수업 도중의 임기응변적 대응력), '딜레마 매니지먼트'(수업과정 중에 발생하는 무수한 딜레마에 대해 그 자리에서 순간적으로 판단하여 조절해 가는 교사의 일) 등 다양한 형태로 강조되어 왔습니다. 많은 영역에 걸쳐 있는 전문적 지식을 실천적 과정으로 통합하는 안목과 판단력이 교사 전문성의 핵심이고, 그 숙련도(판단의 타당성이나 깊이 있는 배려)가 곧 교사의 역량입니다.

> 학생, 교사, 교재가 만들어 내는 상호작용 속에서 교사에게는 학생들의 개성적인 반응을 수용, 공감하여 수업 목표 자체를 다시 설정하는 등의 즉흥적 판단이 요구된다.

2. 교사, 배움의 길

그렇다면 교사의 실천적 기법이나 판단력은 어떻게 해야 길러질까요.
그것은 스포츠나 예도와 같은 기능 학습 일반처럼 '하면서 배우'는 형태를 취합니다. 즉, 교실 밖에서 배운 이론에 수업을 맞추는 것이 아니라 실천 중에 반성적으로 사고하여 교훈(실천지식)을 축적하면서, 실천을 좀 더 나은 것으로 스스로 조정해 나가는 것입니다. 즉, 교사의 역량을 연마하기 위해서는 수업의 구상, 실시, 성찰의 모든 과정을 교사 자신의 배움의 기회로서 어떻게 충실히 해 나가는지가 핵심입니다.

이런 교사의 배움은 동년배나 선배 교사와의 상호관계 속에서 이루어집니다. 예를 들어, 저경력 교사가 선배 교사(숙달자)를 동경하여 그를 모델로 하여 창조적으로 모방하는 과정은 중요한 의미가 있습니다. 여기서 말하는 모방의 의미는 단지 표면적인 행동을 흉내내는 것이 아닙니다. 눈앞의 상황을 보고 '○○ 선생님이라면 어떻게 할까'라고 생각하여, 공통된 사고방식, 감각 및 수업의 모습을 찾아갑니다. 실천자로서 문제나 대상을 마주하는 방법에 대한 철저한 모방과 개선을 통해 결국 자신만의 스타일을 찾게 됩니다.

올바른 판단을 뒷받침하는 실천지식은 논리적인 말로 나타내기 쉽지 않습니다. 실천지식은 구체적인 일화나 그와 관련된 감상이나 의미부여의 형태로, 즉 암묵적 지식(감각적, 무의식적 지식)으로 실천자 개인이나 실천자 간에 축적됩니다.

이런 실천공동체에 축적되어 있는 실천지식은 동경하는 선배 교사를 대하는 것, 또 날마다 생각하고 동료와 수업이나 어린이에 대해 대화하거나 실천기록을 읽고 쓰는 등 생생한 일화와 사례를 매개로 한 판단과정의 추체험을 통해 배워 갑니다.

이런 경험을 통해 암묵적인 실천지식을 배우는 한편으로 교과 내용,

아동의 학습, 교육 방법 등에 관한 여러 이론(형식지식)을 배우는 것도 중요합니다. 하지만 이론을 배우는 것만으로 능숙한 실천이 가능하지는 않습니다. 그렇다고 해서 이론을 배우지 않는 것은 잘못입니다. 교사들은 자신의 실천을 지탱하고 있는 논리를 자각하고 보다 넓은 시야로 실천의 의미를 이해하여 그것을 말할 수 있는 언어를 이론을 통해 얻습니다. 이론은 또 교사의 감각적 판단에 근거나 확신을 주며, 자신의 실천을 좀 더 유연하게 되돌아보거나 변경할 수 있는 계기가 되기도 합니다. 교사의 배움은 모방과 성찰의 과정으로, 이론지식과 실천지식을 통합하는 연구하는 배움으로 실천되어야만 합니다. 일본에서 전개되어 온 수업연구로 시작된 교사의 실천연구가 이런 교사의 배움의 길을 따라온 것은 분명합니다.

> 실천공동체에 축적된 실천지식은 동료와 수업이나 어린이에 대해 대화하는 등, 생생한 에피소드나 사례를 매개로 한 판단 과정에 대한 성찰을 통해 배워진다.

효과적인 수업연구를 위해

1. 실천적 연구에서 성찰의 의미

이미 기술한 바와 같이 교사의 역량 향상을 위해서는 수업의 구상·실시·성찰의 모든 과정(수업연구의 사이클: [그림 1])을 교사 자신에 의한 실천적 연구로서 수행해 가는 것이 중요합니다. 수업연구의 사이클은 교사의 철학(이상적이라고 생각하는 아동, 수업, 학교의 모습과 그것을 입증하는 사상)에 따라 발전의 방향성이 정해집니다.

또, 교사가 이론적 학습이나 실천적 경험을 통해 구축해 온 교과 내용, 학습자, 수업 전개, 학급 경영 방법 등에 관한 '실천 속의 이론(암묵지식과 형식지식으로 구성됨)'에 의해 각 장면에서의 판단의 타당성이 가려집니다. 교사의 실천 철학과 이론은 교육 활동의 구상·실시·성찰의 사이클 속에서 재구성됩니다.

교육 활동의 구상·실시·성찰의 사이클이 교사의 실천적 연구의 사이클이 될 것인가는 그것을 통해 교사의 철학, 이론, 기능이 향상되고 재

[그림 1] 교사의 실천연구로서의 수업연구 사이클

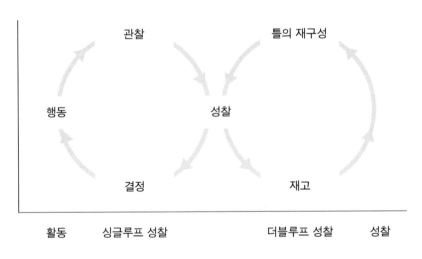

[그림 2] 성찰의 싱글루프와 더블루프

출처: P. Senge et. al., School that learn: A Fifth Discipline Field-book for Educators, Parents, and Everyone Who Care About Education(Updated & Revised), Crown Business, 2012, p. 153.

구성(교사로서의 배움과 성장)이 촉진되는가에 달려 있습니다. 이때 성찰 국면이 싱글루프single loop 학습으로 전개되는지, 더블루프double loop 학습으로 전개되는지가 중요합니다.

예를 들어 자동 온도조절기는 온도가 너무 높거나 낮으면 그것을 감지해서 설정된 온도로 조절됩니다. 이것이 싱글루프 학습입니다. 반면에 설정 온도 자체가 정말로 적정한지, 나아가 쾌적함과 절전 중 어느 쪽을 우선해야 할 것인지와 같은 전제 가치를 따져서, 작동 프로그램이나 기본 방침 자체를 고치는 것이 더블루프 학습입니다.

성찰은 수업 중 학생의 학습평가나 다음 수업에서의 개선점 수립에 관한 논의(문제 해결: 싱글루프 학습)에 머무르지 않고, 목표나 평가의 타당성도 검토 대상으로 삼아야 합니다. 즉, 교육 활동의 구상·실시·성찰의 모습이나 아동의 학습과정에 대한 이해를 깊게 하는 논의(지식 창조: 더블루프 학습)가 되는 것이 중요합니다([그림 2]). 이런 지식 창조를 촉진하면서 구상·실시·성찰의 사이클을 다른 사람과 함께 실천하는 것이 유효하고, 일본의 수업연구가 외국의 여러 나라로부터 주목받는 핵심도 그곳에 있습니다.

> 지식 창조를 촉진하기 위해, 구상·실시·성찰의 사이클을 다른 사람과 함께 수행하는 것은 도움이 된다. 이것이 일본의 수업연구가 외국의 여러 나라로부터 주목받는 이유이다.

2. 다양한 배움의 기회와 라운드 스터디의 의미

일상의 실천 속에서 교사 개개인의 비형식적인 배움 외에도, 다음과 같은 배움의 장이 있습니다.

① 교육청이나 대학의 강의나 연수(교사들은 이론이나 교육 방법에 대해 강의나 워크숍을 수강함)
② 민간 교육연구단체나 연구 서클 등 학교 외의 자주적인 연구회(실천보고나 실천기록을 공유하고 공동으로 서로 비평함)
③ 교사의 수업연구를 중심으로 한 교내 연수(수업 공개 시, 사전·사후의 검토회를 행함)

①은 주로 지식이나 기법의 획득을 목적으로 합니다. ②, ③은 실천 교류, 실천 성찰, 실천적 이론이나 방법의 공동 창출을 목적으로 합니다.

최근의 수업연구에서는 '실천 속의 이론'의 의식화와 재구성을 촉진하기 위해 교내 연수, 특히 사전보다는 사후 검토회에서 배우는 것(사례 연구)이 중요시되었습니다. 사후 검토회에서는 지식 창조로 이어지도록 성찰을 목표로 해야 하지만, 수업자의 수업관이나 아동관의 재구성에 이르도록 하는 더블루프 학습은 쉽게 생기지 않습니다. 그런 성찰이 일어날 가능성을 높이려면 사례 연구의 일상화가 요구됩니다.

이를 위해서 사전 준비에 너무 힘을 들이지 않고, 어린이의 배움이나 교실에서 일어난 일을 이해하기 위해, 편안한 분위기에서 대화를 계속해

나가는 것이 효과적입니다. 덧붙여 연구수업이나 교육청 주최 연수처럼 보다 공식적인 사례 연구에서는 상세한 수업기록 등을 활용하여, 자신이 수업관찰에서 무엇에 주목하고 있었는가를 가시화하여 수업을 보는 방식에 대해 자각하고, 더 빠르고 정확하게 알아차릴 수 있는 특별한 기회를 갖는 것도 효과적입니다.

한편, 교과 내용에 대한 깊은 이해와 지도기술을 높이기 위한 스톱모션 방식(수업의 비디오 기록을 일시 정지시켜 각 장면에 대해서 '왜 저 장면에서는 저런 행동을 취했나?', '저때는 어린이들의 배움에 대해서 무엇을 보고 있었나?'를 질문하여 행동의 배경에 있는 의도나 판단 과정을 검토한다) 등도 활용하면서, 사전 준비에도 공을 들여, 교재 연구나 어린이에의 개입의 타당성을 면밀히 검토하는 사례 연구는 효과적입니다. 특히, 경험이 적은 교사는 수업의 조합 방법이나 어린이를 보는 방식을 배워, 자기 나름의 수업 스타일을 확립해 나가기 위해 치밀한 교재 연구와 수업과정을 면밀하게 되돌아보는 기회를 갖는 게 중요합니다.

이와 같은 교사 배움의 다면성을 고려한다면, 라운드 스터디는 보다 일상적인 수업연구의 문맥에서 주로 이용되어, 더블루프의 성찰과 지식 창조를 쉽게 하는 유용한 장치의 하나가 됩니다.

> 경험이 적은 교사는 수업의 조합 방법이나 아동에 대한 시각을 배우고, 자기 나름의 수업 스타일을 확립해 나가기 위해 치밀한 교재 연구와 수업과정을 면밀히 되돌아보는 기회를 갖는 것이 중요하다.

3. 의미 있는 사후 검토회를 만드는 시각

그럼 일상적인 사후 검토회를 충실히 하려면, 일반적으로 어떤 점이 포인트가 될까요? 일상적인 사후 검토회에서는 수업을 공개하는 사람의 어려움을 인식하여, 수업자가 수업을 공개함으로써 도움이 되었다고 생각할 수 있는 검토회로 만들어 가는 것이 중요합니다. 그리고 참가자가 대등한 입장으로 함께 참여하는 연구적인 관계를 구축하고, 사실에 입각한 검토회로 이끌어 가야 합니다. 이를 위해서는 학생의 학습을 화제의 중심으로 하면 효과적일 것입니다.

만일 가르치는 방식부터 논의를 시작하면, 사후 검토회가 수업 평론회처럼 수업자가 공격받는 구도가 되어 버려 수업관이나 수업 스타일의 차이가 서로 부딪칠 위험성도 있습니다. 또 교재 해석의 타당성으로 논의를 시작하면, 교과의 벽 때문에 전원 참가가 어려워집니다. 교재 해석에 대해서는 수업 전에라도 가능할 것입니다.

학생의 배움이나 수업의 실제부터 이야기를 시작하면, 직접적으로 지적하지 않더라도 사실로부터 문제점을 알아차릴 수 있고, 사실을 검토함으로써 사후 검토회만이 할 수 있는 교재 연구(학생의 배움의 과정으로 본 교재 해석의 타당성 검토)가 가능하게 됩니다.

다만, 학생의 배움으로부터 시작하더라도, 교사의 교재 해석이나 수업 중 지도와의 관련성을 검토하는 관점이 없다면 교수·학습과정인 수업을 연구할 수 없게 됩니다. 학생의 학습에서 교사의 촉진 활동으로 거꾸로 올라가거나, 또는 학생 학습의 사실과 교재의 본질을 확인한 후에 교수 방법의 논의(사전 구상과 같은 순서로) 등 학생, 교과 내용, 지도기술의 3대 화제의 배열과 시간배분을 고려하면 좋을 것입니다.

이상과 같이 사례 연구를 통해, 한 수업에서 일어난 일들의 의미를 깊게 이해하는 한편, 그 사실에 대한 일반화·언어화를 꾀하여 공유 가능한 지知를 축적하는 계기를 만드는 것이 중요합니다.

사후 검토회에서는 베테랑 교사나 연구자가 중심이 되거나 또는 참가자 전원이, 사례에서 무엇을 일반화할 수 있을까를 생각하는 시간을 갖거나, 연구 소식지와 같은 형태로 지식의 일반화·언어화·공유화를 꾀하는 등의 방법도 생각해 볼 수 있습니다. 이렇게 함으로써 수업연구와 교육 실천에 의미가 부여되어 자신들의 언어와 논리(현장의 교육학)가 구축됩니다. 라운드 스터디에 최종 라운드(집합지식의 창출을 위한 일반화) 과정이 있는 것은, 현장 교육학 구축을 위한 하나의 방법이라고 볼 수 있습니다.

또한 이러한 현장의 교육학은, 연구자 등이 생산하는 계통화·구조화된 이론을 어느 정도 배웠는지에 따라 그 질이 정해집니다. 예를 들어, 대학에서 교육학이나 인문·사회과학의 고전을 읽는 것은 스스로의 실천에 의미 부여한 개념이나 구조를 단련시킴과 동시에, 실천 과정에서 길을 잃었을 때 되돌아보게 하거나 자신이 잘못 가고 있지 않은지를 확인하는 사상적 나침판이 될 것입니다. 이렇게 해서, 우수하고 단단한 이론의 핵으로 형성된 현장의 교육학이야말로 표면적인 개혁에 좌우되지 않고, 전문직으로서의 교사의 자율적이면서도 견실한 실천의 기반이 됩니다.

> 학생의 학습이나 수업의 실제부터 이야기를 시작하면 사실
> 이 문제점을 알려 줄 것이며, 이런 사실을 검토함으로써 사후
> 검토회만이 할 수 있는 교재 연구가 가능하게 된다.

지금까지 언급한 것을 정리하여, 일상적인 사후 검토회의 점검 사항
을 표로 정리하면 다음과 같습니다.

▶ 검토회(프로세스) 자체의 유의미성(성취감, 유대감, 참여 정도)
- 직위의 상하나 전문성의 유무에 구애되지 않는 민주적인 관계성이
  구축되어 있는가?
- 참가자 전원이 자유롭게 발언하고, 참여나 논의에 공헌할 수 있다고
  생각하는가?
- 논의에 활기가 있고, 제시된 의견이 서로 연결되며, 새로운 의견이나
  발견이 있는 창의적인 커뮤니케이션이 성립하는가?
- 참가자가 수업 개선의 힌트를 얻고 있는가?
- 학생이나 학급의 단편적인 사실 교환을 넘어선, 교수·학습과정의 구
  조적 이해로 연결되는가?
- 더블루프 성찰(구조의 재구성에 의한 배움), 암묵지식이 형식지식으
  로 이어지고 있는가?

▶ 교사와 학교의 성장과 발전에의 기여
- 교사 개개인의 배움이 깊어지고 성장이 촉진되는가?
- 교사집단의 공동적 지식(지혜나 이론)이 구축되고 공유되고 있는가?
- 동료성이나 연구하는 협동문화의 창출로 이어지고 있는가?

일상적인 사후 검토회는, 모임을 계속 유지하기 위해서도, 그 모임에서의 경험 자체가 참가자에게 의미가 있는지 여부를 먼저 물어야 할 필요가 있습니다.

이런 의미에는 배움의 깊이뿐만 아니라 자유롭고 민주적인 분위기 속에서 동료와 연결되었는지, 모임에 주체적으로 참여했는지도 포함되어 있습니다. 또 논의의 질적인 면에서는 커뮤니케이션 자체가 의견이 연결되는 창의적인 것인지 여부, 그리고 내일 수업의 힌트를 얻을 수 있는 수준을 넘어선 수업의 구조적 이해 또는 수업관의 변혁으로 이어지고 있는지가 포인트입니다.

이렇게 해서 매회의 검토회를 충실히 경험하면서, 그것을 확실한 교사의 성장이나 학교개혁으로 이어지게 하려면 시스템화해야만 합니다. 이때 교사 한 사람 한 사람의 연구 마인드를 촉발하고, 성장을 향한 배움을 축척해 가기 위함뿐만 아니라 학교의 집단지성을 축적하는 조직학습의 일환으로서, 또 동료성이나 협동문화의 창조라는 학교 경영의 핵으로서의 지위를 부여해야만 합니다.

라운드 스터디는 위와 같은 특징을 다수 포함하고 있습니다. 따라서 이러한 포인트를 끊임없이 자각적으로 추구함으로써, 라운드 스터디를 하면 좋겠다는 정도의 연수를 넘어서는, 교사의 배움의 질을 풍부하게 하는 장치로 만들어 가는 것이 가능하겠지요.

우수하면서도 견실한 이론의 핵으로 형성된 현장의 교육학 이야말로 표면적인 개혁에 좌우되지 않는 전문직으로서의 교사의 자율적이고 견고한 실천의 기반이 된다.

2장

라운드 스터디
연수법이란?

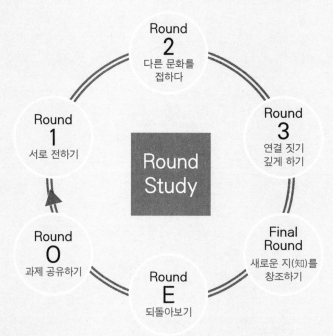

　라운드 스터디는 6개의 라운드로 구성됩니다. 그중에 라운드 0과 최종 라운드 (Final Round)는 참가자 전체가 활동하는 라운드입니다. 라운드 1부터 라운드 3까지는 3~4명의 소그룹으로 진행됩니다. 라운드 E는 라운드 전체를 평가Evaluation하는 라운드입니다.

　라운드 스터디를 통한 배움의 경험은 연수에 대한 지금까지의 이미지를 크게 바꾸는 계기가 될 것입니다. 라운드 스터디를 시도하기 위해서는 용기 있는 한 걸음이 필요할지도 모르겠지만, 시대는 크게 변하고 있습니다. 지금이야말로 연수에 대한 의식개혁이 요구되는 때입니다! 자, 라운드 스터디로 그 첫걸음을 떼어 봅시다!

왜 라운드 스터디인가?

1. 능동적 학습자로서의 교사

지역사회에 열린 교육과정을 창조하고, 전 생애에 걸친 배움을 계속하는 어린이를 육성하기 위해서는, 교사 자신도 좋은 학습자로서 학생들 앞에 서야 합니다.

새로운 학습지도요령에 나타난 '주체적인 대화를 통한 깊이 있는 배움'은 좋은 학습자로서의 교사에게 요구되는 배움의 모습을 보이고 있습니다.

주체적인 대화를 통해, 더욱더 좋은 수업을 계속적으로 탐구하는 능동적 학습자로서의 교사집단이야말로 다채로운 학교문화를 구축하여 어린이들에게 새로운 시대에 필요한 자질과 능력을 길러 줄 수 있습니다.

이를 위해 교사의 배움을 획기적으로 바꾸어 가야 합니다. 라운드 스터디는 배움에 대한 교사집단의 의식을 크게 바꾸어 나가는 방법입니다.

2. 라운드 스터디의 매력

라운드 스터디의 매력은 손쉬움과 높은 범용성입니다.

처음 기획하는 사람과 처음 연수에 참여하는 사람도, 안내에 따라 실시하면 충분히 성과를 올릴 수 있습니다. 그리고 일단 한 번 실시하면, '다음에는 이렇게 해 보겠다'는 발상이나 '이런 경우에도 활용할 수 있지 않을까?'라는 아이디어가 불현듯 떠오릅니다.

여기에서는 하나의 정형을 소개하지만, 여기에 머무르지 않고 계속적으로 진화해 갈 수 있는 것도 라운드 스터디의 매력입니다. 무엇보다 참다운 매력은 참가자에게 많은 깨달음이나 발견, 창조 의욕을 불러일으키는 것입니다.

라운드 중에 '아~', '그렇구나', '그렇지!'와 같은 말들이 여기저기서 들려옵니다. 대화에 몰입하게 되어 '시간이 부족하네, 더 이야기하고 싶은데!' 하는 기분이 들 것입니다. 이것은 새로운 앎을 찾는 주체적인 모습입니다.

교사들은 '서로 이야기하고 배우는 것이 이렇게 즐거운 것이구나'라는 당연한 사실에 가슴이 두근거려 올 것입니다.

3. 액티브한 배움의 체험

같은 수업이라도 보는 사람에 따라 그 시점은 다양합니다. 카메라에 비유한다면 줌으로 찍기, 학급 전체가 나오게 찍기, 한 명의 어린이를 계속 추적하며 찍기, 교사의 움직임이나 칠판의 변화를 찍기….

한 사람 한 사람이 찍은 다양한 영상이 말이 되어, 라운드 스터디라는 틀을 통해 서로 이야기함으로써 연결되어 의미가 부여됩니다. 그 결과 새로운 발견이나 집합 지(知)가 함께 배우는 과정에서 만들어집니다.

젊은 교사가 이 배움의 장에 참여한다고 가정합시다. 그(그녀)는 라운드 스터디를 통해서 어느 정도까지 배우게 될까요?

선배들이 말하는 어린이의 모습이, 자신에게는 없는 시점에서 나온 것이라면 놀라움을 감추지 못할지도 모르겠습니다. 비록 어렴풋하게 느꼈던 것이라도 실제로 말해 보면 모두가 그것을 수용해 주거나, 혹은 옆에 앉은 선생님이 '당신이 말하고 있는 것은 이런 뜻이지요'라고 의미를 부여해 주는 장면도 있을 것입니다.

함께 대화함으로써 많은 이야기들이 서로 연결되어, 의미가 명확해지는 과정을 목격함으로써 '아, 어린이들의 배움도 이렇게 해서, 깊어지게 하면 좋지 않을까?'라는 발상도 떠오를 것입니다.

무엇보다 교사집단이 서로의 이야기를 존중하면서 듣고 말하는 자세를 통해 협동적으로 하나의 목표를 향해 활동해 가는 아름다운 역동성을, 그리고 자신도 거기에 공헌할 수 있었다는 기쁨을 함께 느낄 수 있을 것입니다. 이것은 말 그대로 교사 자신의 '주체적·협동적이며 깊이 있는 배움'의 체험일 것입니다.

이처럼 라운드 스터디는 교사 스스로 자신의 액티브 러닝을 구현한 것입니다.

또 자신이 체험한 대화나 집합 지知의 형성 과정을 활용해 어린이들의 활동을 지원하는 것도 가능합니다. 실제로 라운드 스터디를 체험한 후, 수업으로도 활용했다는 이야기를 몇 명의 선생님에게 들었습니다. 이런 교사 자신의 배움의 체험이 수업 개혁으로 연결됩니다.

> 새로운 학습지도요령에 나타난 '주체적인 대화를 통한 깊이 있는 배움'과 어린이들을 인도하는 능동적 학습자로서의 교사 자신의 배움의 모습은 마치 동전의 앞면과 뒷면과 같다.

4. 교사 배움의 개혁 체험

라운드 스터디는 월드 카페의 기법을 활용한 것입니다. 월드 카페는 다양한 전개가 가능하기 때문에 월드 카페의 일종이라고 말할 수도 있습니다.

그런데 교원연수의 경우 다양한 아이디어를 만들어 내는 것에 머무르지 않고, 실현 가능한 선택 방법을 도출하거나 연수 목적에 맞는 성과를 요구하는 경우가 많습니다. 라운드 스터디는 6개의 라운드로 구성되고, 이 라운드들이 모여 하나의 통일된 형태를 보이기 때문에, 다양한 장면에서 높은 활용도를 보일 수 있습니다.

또 앞에서도 이야기한 것처럼 라운드 스터디의 전개 방법은 다양하게 변화시킬 수도 있습니다. 연구의 분과모임에서 활용하기도 하고, 짧게 단축해서 실시하기도 하는 등 이미 새로운 형태가 자꾸 생겨나고 있습니다.

용기를 내어 교사 배움의 개혁에 동참합시다. 자신의 낡은 껍질을 깨고, 동료와 함께하는 장면을 열어 갑시다. 그러면 그곳에서 새로운 자신이 걸어 나올 것입니다. 배움이라는 것은 필시 이런 경험의 반복일 것입니다.

동료와 함께하는 경험, 평등한 관계 속에서 상호 이야기할 수 있는 마당, 이런 마당이 있기 때문에 새로운 자신을 발견할 수 있습니다. 선생님 자신이 먼저 동료와 함께 배우는 즐거움을 충분히 체험합시다. 이렇게 함으로써 배움의 진정한 매력을 어린이들에게 전할 수 있을 것입니다.

그 첫걸음인 라운드 스터디를 시작해 봅시다.

> '다음에는 이런 수업을 해 보고 싶다!'는 생각처럼, 교사의 실감 나는 배움의 체험이 수업 개선으로 이어지는 원동력이 된다.

자, 라운드 스터디를 해 봅시다!	준비와 호스트의 역할
준비	먼저, 편안한 분위기를 만드는 것이 중요합니다!

- 하나의 테이블에 4명이 앉음(4인 구성이 되지 않을 경우 3인 구성으로 한다.)
- 4절지, 3~4가지 색의 마커(그룹별)
- 발표용 종이(2가지 색 각 2매, 4절지를 옆으로 3등분한 정도의 크기)
*발표용 종이는 최종 라운드의 진행 방법에 따라 변경 가능
- 4절지 중앙에 화제가 될 주제를 씀(예시: 수업의 매력과 과제)
- 과자, 음료수, 꽃, 테이블 천, 배경 음악 등은 기획자의 선호에 따라

호스트	각 테이블에는 자리를 옮기지 않는 호스트가 한 명씩 필요합니다!

- 라운드를 시작하기 전에 긴장한 참여자에게 재미있는 말을 걸어, 테이블의 분위기를 부드럽게 합니다.
- 우선, 아이스 브레이크. 즉 얼음이 녹듯이 참여자의 마음을 부드럽게 합시다. 라운드 전체에 해당되지만 힘들지 않게, 대화를 즐기면서 오늘의 수업에 대해, 연수 주제에 대해, 나아가 교육에 대해 서로 이야기할 수 있는 분위기를 만드는 것이 호스트의 역할입니다. 이를 위해 먼저, 간단한 자기소개와 잡담, 교육과 관계없는 화제에 대해 한마디씩 주고받는 것도 좋겠지요.

＊잘됐던 일은?

＊최근에 기뻤던 일은?

- 라운드가 시작되면 모두가 대화에 참여할 수 있도록 신경을 씁시다. 발언하지 않는 사람이 있으면 "어떻게 생각하십니까?"라고 발언을 촉구합니다.

- 각 테이블에서는 4절지에 쓰면서(글자로 쓰기·그림으로 그리기·표로 그리기 등) 이야기를 나눕니다. 이것은 꽤 어려울 것입니다. 이야기에 열중하여 별로 쓰지 않는 사람이 있으면, 때로는 이야기하고 있는 것을 써 주기도 합니다. 또 "쓰면서, 쓰면서!"라고 말하여, 그룹 멤버에게 촉구하십시오.

- 라운드 2에서는 자리를 바꿉니다. 라운드 3은 라운드 1의 그룹으로 되돌아옵니다. 하지만 호스트는 자리를 이동하지 않습니다.

- 라운드 2에서는 새로 찾아온 사람들을 맞이합니다. 그리고 새로운 멤버들에게 라운드 1에서 이야기된 것을 4절지를 보면서 간단히 설명합니다. 라운드 3에서도 되돌아온 멤버들에게 라운드 2의 모습을 전합니다.

- 호스트는, 사회자는 결코 아닙니다. 테이블의 멤버들이 대화를 즐길 수 있는 분위기를 자연스럽게 조성합니다. 그리고 다른 사람들과 함께 대화에 즐겁게 참여합시다. 이때 주의할 점은 대화가 주제에서 벗어나지 않도록 하는 것입니다. 벗어났다면, 4절지 중앙에 쓰인 주제를 한 번 더 확인하여 주제로 되돌아오게 합니다.

자, 라운드 스터디를 해 봅시다!	전체의 흐름
전개	대화에서 새로운 앎이 생깁니다. 이런 확신을 바탕으로 라운드 스터디를 실시합시다!
라운드 0 참가자 전원 10분	• 본 연수의 목적(알아내고 싶은 것)을 말합니다. • 라운드 스터디에 대해 (전개 및 매너) 설명합니다. • 아이스 브레이크
라운드 1 그룹 10분	• 연수 주제에 대해 각자 자신의 생각을 말합니다. • 쓰면서 말하기를 잊지 않도록 합시다. • 무엇보다도 구성원들이 대화에 즐겁게 참여합시다.
라운드 2 그룹 10분	• 호스트는 남고 다른 사람들은 자리를 옮깁니다. • 호스트는 찾아온 사람에게 라운드 1의 모습을 4절지를 보면서 전합니다. • 비교하거나, 연계하면서 서로 이야기합니다.

라운드 3 그룹 10분	• 라운드 1의 자리로 되돌아갑니다. • 주제에 대해 자기 그룹의 의견을 수렴용 종이에 정리합니다. • 예: 수업의 매력은 파란색 종이에, 과제는 노란색 종이에 씁니다.
최종 라운드 참가자 전원	• 수렴한 종이를 제시하고 발표합니다(각 그룹별 90초). • 제시된 종이는 보드판 위에서 분류·정리합니다. • 정리된 것을 보면서 전원이 서로 이야기합니다.
라운드 E	• 참여도 평가, 자유기술을 활용하여 라운드를 되돌아봅니다. • 평가지, 토론의 내용 등에 따라 라운드의 성과를 소식지에 정리하여, 며칠 후 배부합니다. • 평가와 분석으로부터 다음 라운드 스터디의 주제를 설정합니다.
라운드 매너	• 경력이나 직책에 얽매이지 않을 것 • 전원에게 말할 기회를 부여할 것 • 어떤 의견이든지 허용할 것

자, 라운드 스터디를 해 봅시다!	라운드 1 ~ 라운드 3
시각화	Visual language Visual listening

위와 같은 것들을 잘 활용하는 것은 의외로 젊은 선생님!
그림이나 표를 활용해서, 재미있게 써 봅시다.

메모가 대화를 돕습니다.
잘 쓰지 못해도 좋습니다!

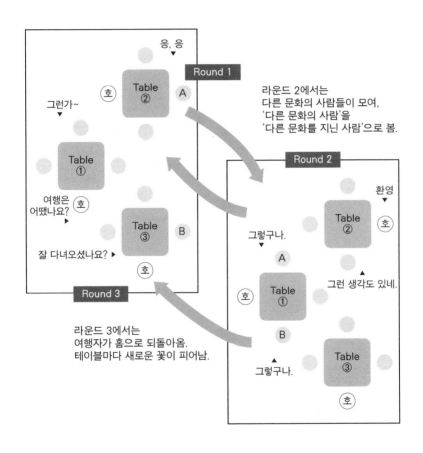

자, 라운드 스터디를 해 봅시다!	최종 라운드
집합지의 창조	Collective knowledge

정리한 것을 90초에 발표하기

종이에 정리함으로써 시각화가 가능함

90초에 어떻게 전달할까!

바로 여기서 생겨나는 새로운 지(知)와 물음

| 가능성 | 라운드의 목적에 따라 최종 라운드는 다양하게 변형! |

최종 라운드는 연수의 목적이나 참가자의 구성, 연수 시간 등에 따라 다양한 변형이 가능하다.

중요한 것은 어떤 목적으로 라운드 스터디가 행해지고 있는지를 기획자와 참가자가 확실하게 공유하는 것임.

최종라운드에서 새로운 지(知)가 창조된다!
그리고 이곳에서 다음 연수로 이어지는 새로운 질문이 생긴다!

자, 라운드 스터디를 해 봅시다!	라운드 E (평가 라운드)
라운드 E	라운드 E는 평가 라운드 연수 평가를 통해 다음 라운드로 이어 갑시다!

라운드 E 사례

라운드 스터디-라운드 E

이름 _____

1. 각 항목에 대해 해당하는 곳에 ○ 표시 하시오.

화이트보드를 활용한 수업 탐구

	과제 탐구 1-1 [내용 1]	과제 탐구 1-2 [내용 2]	의사 소통	과제 탐구 3 [방법]
5	화이트보드를 활용한 수업에 대해 많은 것을 배울 수 있었다.	수업 만들기에 대해 많이 배우고, 내일부터의 교육 활동이나 수업 진행에 도움이 되는 매우 좋은 연수였다.	대화나 토의를 크게 즐길 수 있었다.	라운드 스터디라는 방법은 화이트보드를 활용한 수업 탐구에 매우 유용했다.
4	화이트보드를 활용한 수업에 대해 몇 가지를 배울 수 있었다	몇 가지 자극을 받아, 내일부터의 교육 활동이나 수업 진행에 도움이 되는 좋은 연수였다.	대화나 토의를 대부분 즐길 수 있었다.	라운드 스터디라는 방법은 화이트보드를 활용한 수업 탐구에 대체로 유용했다.
3	화이트보드를 활용한 수업에 대해 생각할 수 있는 계기를 얻었다.	내일부터의 교육 활동이나 수업 진행에 도움이 되는 연수였다.	대화나 토의를 즐길 수 있었다.	라운드 스터디라는 방법은 화이트보드를 활용한 수업 탐구에 유용했다.
2	화이트보드를 활용한 수업 전개나 방법에 대해 별로 이해할 수 없었다.	새로 배운 것이 별로 없었다.	대화나 토의를 별로 즐길 수 없었다.	라운드 스터디라는 방법은 화이트보드를 활용한 수업 탐구에 별로 도움이 되지 않았다.
1	화이트보드를 활용한 수업 전개나 방법을 이해할 수 없었다.	새로 배운 것이 없었다.	대화나 토의를 즐길 수 없었다.	라운드 스터디라는 방법은 화이트보드를 활용한 수업 탐구에 도움이 되지 않았다.

2. 자유기술

본시의 수업연구 내용(생활교과라는 관점에서·수업 만들기라는 관점에서)이나 라운드 스터디 방법 등에 대해, 어떤 것이라도 상관없이, 생각한 것, 느낀 것, 의견 등을 자유롭게 써 주세요.

*여러분의 의견을 정리한 소식지를 며칠 후 전달하겠습니다.
 감사합니다.

---

*예시한 평가 용지의 윗부분은 표를 활용한 평가, 아랫부분은 자유기술로 되어 있습니다. 하지만 이 형식에 속박될 필요는 없습니다. 중요한 것은 연수 성과를 공유하여, 새로운 과제를 도출해 내는 것입니다.

예를 들어 '연수를 통해 선생님의 마음에 어떤 의문이 떠올랐나요?'라고 질문함으로써, 다음 라운드 스터디로 이어 가는 것이 중요합니다. 기획자는 연수 후 참여자의 의견을 제대로 파악하여 정리합니다.

자, 라운드 스터디를 해 봅시다!	소식지 배부
질문의 발견	며칠 후, 연수 평가 결과를 소식지를 만들어 다음 라운드로 이어 갑시다!

AK초등학교 교내 연수 소식지

라운드 E

AK초등학교 라운드 스터디 〈어린이가 성장하는 계기와 과제〉에 대한 의견 정리

▶ 동료 선생님들과의 대화를 통해 어떻게 생각하고 있는지를 알게 되어 매우 좋았다. 마지막에 의견 수렴하는 것이 매우 즐거웠다. 라운드 스터디는 어린이들에게 적용해도 재미있을 것 같다.

• 생각을 쓰기 때문에 눈으로 확인할 수 있었고, 관련된 것(확산, 질문, 대립)의 관계를 확인할 수 있어서 좋다.

• 그룹 멤버를 교대함으로써 원래 그룹에서는 생각할 수 없었던 새로운 생각이 도출된다.

• 각 그룹의 의견을 정리, 발표하고, 발표된 것들을 관련지음으로써 방향성이 보인다.

▶ 지금까지 자신이 어렴풋하게 이해한 AK초등학교 어린이의 장점과 과제에 대해 서로 이야기하고 메모로 연결함으로써, 앞으로 어떤 점을 육성해 나가야 할지가 명확해져서 매우 깔끔한 느낌이 든다.

▸ 라운드 스터디는 솔직하게 의견을 서로 나눌 수 있는 매우 좋은 방법이라고 생각했다. 꼭 실천해서, 자신의 솔직한 의견을 말할 수 있는, 안심이 되는 학급을 만들고 싶다.

▸ 각자의 생각을 함께 이야기하고 조정하는 것이 연구의 시작이라고 생각하고 있었지만, 보통의 연수에서는 막상 연수가 시작되면 경직되어 제대로 말할 수 없었다. 하지만 라운드 스터디에서는 선배도 후배도 같은 입장에서 서로 이야기할 수 있어서 매우 좋았다. 어린이들에게도 이 깔끔한 느낌을 맛보게 하고 싶다. 또 '알맹이'가 없으면 내용이 깊어지지 않기 때문에, 자기 생각을 갖고 그 생각이 어떻게 전개되어 어떤 결말이 나올 것인지 미리 예상해서 말하는 것의 중요성을 새롭게 인식하게 되었다.

▸ 나이나 직책의 벽을 넘어선 대화가 되었다고 생각한다. 모두가 펜을 잡고 쓰기 때문에 기록 담당자가 없어도 되고, 모두가 대화에 참여할 수 있어서 좋았다. 이 방법이라면 참여자가 적더라도 이야기가 진부하지 않을 것이다.

▸ 대화와 토의를 통해 과제가 해결되었다고 생각한다. 나 자신이 AK 초등학교의 어린이들을 좀 더 잘 관찰하지 않으면 안 된다는 생각이 들었다.

▸ 라운드 스터디는 처음이었기 때문에 어떻게 진행되는지 몰랐다. 하지만 몇 번 실시한다면 익숙해져서 더욱더 좋아질 것이라 생각한다. 어린이들의 대화 장면에서도 라운드 스터디와 같은 방법으로 이야기를 진행한다면 보다 좋은 대화가 될 것이다.

	5대 과제 탐구 [내용]	5대 과제 탐구 [방법]	5대 과제 탐구 [개인의 배움]	의사 소통
5	'AK초등학교의 어린이들이 성장하는 계기와 과제'를 밝힐 수 있었고, 이후 연구를 진행해 가기 위한 성과를 얻을 수 있었다. 평균 4.6점	라운드 스터디 방법은 5대 과제의 장점과 문제점을 밝혀내는 데 매우 유효했다. 평균 4.7점	많은 자극제가 되었고, 내일의 교육 활동을 위한 매우 좋은 배움의 연수였다. 평균 4.6점	대화나 토의에 매우 즐겁게 참여할 수 있었다. 평균 4.2점

- 대체로 의사소통 항목은 점수가 높은 경우가 많지만, AK초등학교에서는 가장 낮은 점수였다. 평소의 소통 활동이 활발하지 않았던 것이 원인이 아닐까 생각된다.

- 다른 학교 연수에서는 과제 탐구(내용)가 대체로 점수가 낮은 경우가 많으나, AK초등학교에서는 4.6점이라는 높은 점수를 보였다. 연구의 시작 단계에서 어린이가 성장하는 계기와 과제를 이해했다는 점에서 이번 연수의 성과라고 말할 수 있다. 마찬가지로 수업에서도, 활발한 대화가 이루어지고, 그 대화에 의해 내용도 깊어지고 있는지를 항상 검증해 갈 필요가 있다.

- '의견을 관련시키는 것', '몰랐던 새로운 생각을 알아차리는 것', '활동의 방향이 보다 명확해진 것', 이 모두가 그룹 활동의 요소로서 필요하다. 이런 체험을 교사가 함으로써 어린이에게 요구할 것이 보다 명확해지는 것이 아닐까. 다음 연구에서는 이 3개를 핵심어로 하여, 수업을 통해 검증하면 좋을 것이다.

---

*소식지의 윗부분은 자유기술한 것을, 중간은 표의 점수를, 아랫부분은 이런 평가 결과를 토대로 한 코멘트입니다. 이 소식지를 참가자에게 피드백함으로써 하나의 라운드 스터디가 완성됩니다. 그리고 새로운 질문을 바탕으로 다음 라운드 스터디의 기획이 시작됩니다.

3장

넓게! 깊게!
실천 라운드 스터디

능동적 학습자로서의 교사의 배움

수학과	초등학교 3학년	도쿄 히가시무라야마 시립 아오바(青葉) 초등학교
연구수업 주제		나눗셈의 나머지 처리에 대해 생각하자!

연수의 목적

나머지가 있는 나눗셈에서, 나머지의 처리 방법을 검토하는 어린이들의 모둠 활동 모습에서, '발상을 바꾸어 생각하기', '결과를 예상하고 결과로부터 생각하기'와 같은 사고력을 높이기 위한 수업 방식에 대해 생각한다. 구체적으로는 어린이 한 사람 한 사람이 문제에 어떻게 주체적으로 참여할지, 나머지의 처리에 대해 의견을 충분히 교환하여 이해하기 위한 수업의 구조를 토의한다.

수업 개요 (전 7차시)	
단원명	나머지가 있는 나눗셈
단원 목표	▸ 나머지가 있는 나눗셈의 의미와 계산 방법을 이해한다. ▸ 나눗셈과 곱셈, 뺄셈의 관계를 이해한다. ▸ 나누는 수와 몫이 한 단위의 나눗셈을 확실히 할 수 있다. ▸ 문장제 문제에서 나눗셈의 나머지를 처리할 수 있다.

본시의 전개	1. 본시의 과제를 파악한다. (3분) 〈과제〉 26명의 어린이가 있습니다. 4명이 앉을 수 있는 긴 의자에 모두가 앉기 위해서는 긴 의자는 몇 개 있어야 할까요? 2. 자신의 생각을 노트에 쓰기(자력 해결) (5분) 3. 각자의 생각을 비교·검토하고 정리하기 (7분) 4. 모둠별로 문제를 분류하기 (10분) 〈과제〉 답이 ① 1 받아올리기 ② 나머지를 버리기 ③ 나머지를 그대로 두기의 3개 유형의 문제를 2개씩 모두 6개 만든다. 5. 모둠별로 분류하여 비교·검토하고, 학급 전체가 검토한다. (15분) 6. 정리·활동 되돌아보기 (5분)
아동의 모습	▶ 나눗셈의 계산 방법을 이해하고 정확하게 계산하기와 문장을 이해하고 바르게 식 세우기는 대체로 수행함. ▶ 식을 문장으로 표현하기와 배운 것을 응용한 문제 해결하기는 어려워하는 학생이 많음. ⬇ 그래서… ▶ 실제로 사용하는 교실의 책상·의자의 수 등을 다룬 문제를 제시하여 자신들의 생활과 관련시킴! ▶ 모둠에서 계산 과정과 결과를 검토함으로써 학습 내용을 공유하고, 응용문제는 어렵다는 생각을 덜어 내도록 한다!
본시의 모습 (성과와 과제)	본시의 목적 중 하나인 '나눗셈의 나머지 처리 방법의 3가지 유형(받아올리기, 버리기, 그대로 두기)의 이해'는 달성되었다. 모둠별로 과제를 해결할 때 활동지가 모둠별로 1장씩이었기 때문에 학생들이 한 문제씩 나누어 풀어서, 한 사람이 6개 문제의 내용을 다 파악하지 못한 점은 아쉽다.

| 라운드 1 | 대화 | 지도 방법에 대한 사전 검토를 활용하다 |

| 식을 세우고, 계산도 했지만 답은… | 그림으로 확인해 보자 |

라운드 1에서는 수업을 되돌아보면서 오늘 수업관찰의 시점 즉, '① 모둠 활동에서 문제를 분담해서 해결한 것은 나눗셈의 나머지 처리 방법에 대한 이해를 깊게 하는 데 유효했는가?', '② 나눗셈의 나머지 처리(하나 받아올리는 경우) 문제를 해결하는 활동 후에, 문제를 분류하는 활동으로 이어진 흐름은 적당했는가?'의 두 질문을 중심으로 대화가 전개되었으며, 수업 전체의 구성도 언급되었다.

A선생님	수업의 구성은, 학급 전체로 '1 받아올리는 문제'를 해결한 후에, 모둠별 문제를 풀고 분류하는 2단 구성이었지요.
B선생님	그 흐름은 좋았습니다. OJT(지도안의 사전 검토회) 때에는 어린이들이 문제를 만들게 하자는 흐름이었지만, 실제 수업에서는 문제 만들기를 안 하고 분류 활동만 했지요. 좋은 판단이었다고 생각합니다.
호스트	확실히 문제 만들기까지 취급했다면 힘들었을 것 같아요. OJT 검토나 사전 수업의 반성을 활용한 결과이겠지요.

B선생님	문제 자체는 어려웠지만, 여러 가지 유형의 문제가 있다는 것을 알게 된 점은 좋았다고 생각합니다. 도입의 긴 의자 문제도 실제 학급의 학생 수와 같아서 실감 나는 문제였습니다.

이후, 모둠별 문제 해결에 대한 화제로 전개된다.

C선생님	모둠 활동에서 아동 한 사람 한 사람이 모든 문제를 확실하게 파악하지 않고, 그 문제를 담당한 친구가 푼 것만으로 분류한 것은 아쉽습니다.
A선생님	모둠별로 나눈 것 자체는 재미있었습니다. 한 사람 한 사람이 문제를 해결하기 위해 필요한 시간 확보, 45분간의 활용이 중요하지 않을지….
C선생님	문제를 파악하고, 천천히 생각해서 해결하는 시간을 갖는다면 대화가 깊어질 것 같은 분위기였지요.
A선생님	'전부'라는 단어에 착안하는지 그렇지 않은지가 포인트네요.

이 발언을 계기로 문제를 해결할 때 핵심어가 되는 '전원이 앉기 위해서는', '전부 넣기 위해서는', '전부 몇 개 가능한가?' 등 '전부'에 대한 이야기가 이어졌다.

OJT를 활용했어요.

좀 더 깊이 있게 할 수도 있을 것 같아요.

시간의 활용이 중요하지요

라운드 2	대화	자력 해결이란?–문제에 어떻게 대응할 것인가

식은 32÷5인데…

이 문제의 나머지는 어떻게 하지?

라운드 1에서 메모한 것을 보고 호스트가 개요를 말한다.
라운드 1에서 과제가 된 '모두가 문제를 파악하기 위해서는'과 '한정된 시간을 어떻게 사용할 것인가'에 대해 구체적인 방법이 제시된다.

호스트	라운드 1에서는 '문제를 전원이 파악하기 어려웠다', '문제를 각자 나누어 자기 것만 해결했기 때문에, 마지막 분류 활동에서 어려워했다'가 화제가 되었습니다.
D선생님	그것과 관련해서, '자력 해결'하지 못한 것은 아닐까 라는 생각이 듭니다. 예를 들면, 도입에서 취급한 긴 의자 문제를 모둠별로 해결하게 하면, 전원이(모든 모둠이) 같은 문제를 다루기 때문에 논점이 확실해진다고 생각합니다. 이렇게 되면 그림 등을 이용해 설명하여, 결과적으로 깊이 있는 이해가 가능하지 않았을까요. 역시, 긴 의자 문제를 확실히 이해하는 것이 중요했다고 생각합니다.

E선생님	모둠 활동에서 6장의 학습지를 먼저 갖는 자가 임자라는 식으로 골라서 풀게 했는데, 학습지를 모두에게 주고, 6문제 전부를 모둠원 모두가 풀게 했다면 다르지 않았을까요. 문제를 '해결하고', '분류하는' 두 개의 작업은 (시간적·내용적으로) 어려웠던 것은 아닐까 싶습니다.
F선생님	저도 자력 해결하기 위해서는 손안에 무엇인가(학습지) 필요했던 것은 아닐까라고 생각합니다. 문제의 개수에 대해서는, 6개의 문제를 3개 모둠에게 나누어 주어, 단위가 같은 문제를 제시하는 것도 한 가지 방법이 되지요. 예를 들어 모두 4번 문제와 같이 '다코야키'에 관한 것이라면, 단위에 신경 쓰지 않고 끝낼 수 있었겠지요.
E선생님	그렇게 했다면, '답을 구하는 방법'='나머지의 처리'라는 것에 집중할 수 있었을 것이라고 생각합니다.
호스트	그렇군요. 또 모둠별 문제 해결 활동에서, 이미 배운 내용만이 아니라 새로운 것이 포함되도록 한 것도 이번 수업의 묘미라고 생각합니다.

첫 번째 문제를 확실하게 했다면!

나머지의 처리에 집중했으면 좋았을 것 같아요.

단위를 같게 했다면 좋았을걸.

라운드 3	대화	과제를 공유하기 위한 수업 구조는?

책의 두께는 1권에 5cm이니까…   학종이 5장에 인형 1개니까…

라운드 여행에서 되돌아온 최초의 멤버는, 다른 그룹에서의 대화로부터 자신과 같은 의견을 확인하거나 다른 의견을 듣고 돌아왔다. 그래서 수업을 보다 더 분석적으로 보고 개선점을 생각하거나, 학생의 모습을 생각하면서 수업을 되돌아보는 등 각각 얻은 것이 있는 것 같다.

C선생님	수업 시간에 학생이 그림을 그려서 설명한 것은 정말 좋았습니다!
멤버 일동	그 그림과 설명은 이해하기 쉬웠어요.
C선생님	수업 중에 멍한 느낌을 선명하게 하려면 어떻게 하는게 좋을지 생각했습니다. 처음에 3개의 패턴 문제를 제시하고, 자신이 선택한 문제는 그중 어느 것에 해당하는지를 생각하게 했다면 어떨까요. '어떻게 그 속에 넣었는지' 그 이유를 설명하거나 대화하게 하면, 설명하고 대화할 필요성이 생기지 않을까 싶습니다.

B선생님	그렇게 하면, 수업 처음부터 '나머지를 어떻게 처리할까'를 생각하게 하는 것이 중요하겠지요. 문제의 식이 31÷5=6…1로 모두 같기 때문에 역시, 나머지를 어떻게 할지를 생각하게 하는 것이 포인트라고 생각합니다.
A선생님	단원 도입 초기에 이미 배운 사항을 적절하게 활용한다면 시간을 절약할 수 있고, 절약된 만큼 오늘처럼 발전적인 부분은 두 시간 할애하여 충분히 다루는 것도 좋을 것 같습니다. 교과서대로 지도하지 않고, 학생의 실태에 맞추어 유연하게 계획하고 싶군요.

　라운드 1~3의 대화를 통해 오늘 수업의 좋았던 점, 의문점, 개선점을 발표용지에 써서 최종 라운드의 준비를 한다.

최종 라운드	전체 토론	최종 라운드의 모습

본교는 교내 연구수업 후, 최종 라운드에서는 그룹 발표를 하지 않고 있다. 그룹 의견을 정리하는 것보다는 각 교사의 사고를 깊게 하는 것을 우선시하기 때문이다.

그래서 본교의 전체 토론은 우선 테이블별로 좋은 점, 질문, 개선점을 각각 색이 다른 종이에 쓰고, 그것을 모두 칠판에 붙인다.

그 후 3개로 분류·정리된 것을 보고, 토론 형식으로 모두 함께 대화를 하면서 검토해 나간다. 아래에 주요한 의견을 소개한다.

A선생님	문제를 나누어 갖는 방법이 재미있다.	
B선생님	도입 문제는 교실에 있는 실제 자신들의 의자로 생각할 수 있어서 실감 나게 이해되었을 것이다.	
C선생님	아동이 해결한 문제를, 모조지에 붙여서 게시하는 방법은 지난번 연구수업의 성과를 활용한 것이라 좋다.	
D선생님	발표하는 학생이 '여기까지 좋습니까?'라고 듣는 사람이 이해했는지 확인하면서, 단계적으로 나누어 설명한 것은 정말 쉽게 이해되어, 내 수업에서도 꼭 활용하고 싶다.	

E선생님	활동지를 모든 아동에게 나누어 주었다면 더 좋지 않았을까?	
F선생님 (수업자)	모든 아동에게 활동지를 주는 생각도 했다. 보통 수업에서는 문제를 칠판에 쓰면, 학생들은 노트에 적어서 풀고 있다. 일상 수업의 일환으로 계획했지만, 시간 절약을 위해 활동지를 도입했다. 활동지를 사용하지 않고도 시간을 절약할 수 있는 방법이 있으면 꼭 알려주기 바란다.	
G선생	31÷5=6 나머지 1은, 공통문제이기 때문에 다른 문제와 함께 미리 인쇄해 놓았다면 좋았을지도.	
H선생님	모둠 활동에서는 문제를 각자 나누어 풀었다. 전원이 모든 문제를 파악하기 위해서는 어떻게 하면 좋을까. 문제를 한 개로 하는 등의 방법도 있지 않을까.	
I선생님 (강사)	활동지는 의도가 강해 수업을 끌고 가는 의미가 강하다. 수업의 흐름을 결정하기 때문에 잘 생각해서 사용해야 한다. 문제 부여하기=활동지가 아닌, 문제 부여하기, 활동지, 노트 등으로 나누어 생각하는 것이 중요하다.	

평가 준거

	과제 탐구 [내용]	과제 탐구 [방법]	탐구·창조적 배움 [개인적 배움]	의사 소통
5	본시의 수업연구회를 통해 모둠 활동의 모습을 매우 명확하게 이해했다.	라운드 스터디 방법은 본시 수업을 관점을 갖고 분석해 나가는 데 크게 유효했다.	많은 자극을 받아, 내일부터의 교육 활동이나 학습 진행에 매우 좋은 배움의 장이 되었다.	대화나 의논이 매우 재미있었다.
4	본시의 수업연구회를 통해 모둠 활동의 모습을 대체로 명확하게 이해했다.	라운드 스터디 방법은 본시 수업을 관점을 갖고 분석해 나가는 데 대체로 유효했다.	몇 가지 자극을 받아, 내일부터의 교육 활동이나 학습 진행에 좋은 배움의 장이 되었다.	대화나 의논이 대체로 재미있었다.
3	본시의 수업연구회를 통해 모둠 활동의 모습을 이해했다.	라운드 스터디 방법은 본시 수업을 관점을 갖고 분석해 나가는 데 유효했다.	내일부터의 교육 활동이나 학습 진행에 좋은 배움의 장이 되었다.	대화나 의논이 재미있었다.
2	본시의 수업연구회를 통해 모둠 활동의 모습이 별로 명확하게 느껴지지 않았다.	라운드 스터디 방법은 본시 수업을 관점을 갖고 분석해 나가는 데 별로 도움이 되지 못했다.	새로운 배움이 별로 없었다.	대화나 의논이 별로 재미없었다.
1	본시의 수업연구회를 통해 모둠 활동의 모습에 대한 이해가 더 혼란스러워졌다.	라운드 스터디 방법은 본시 수업을 관점을 갖고 분석해 나가는 데 도움이 되지 못했다.	새로운 배움이 없었다.	대화나 의논이 크게 재미없었다.
	3.57(50p/70p)	3.92(55p/70p)	4.28(60p/70p)	4.36(61p/70p)

A선생님	라운드 스터디를 도입해서 이전보다는 자신의 생각을 여러 가지 말할 수 있었다. 또 소그룹이기 때문에 하나의 과제에 대해 속도감 있는 의견 교환이 되었다. 대화도 3단계로 이루어져 다양한 사람의 의견을 들어서 정리하기에 좋았다.
B선생님	수업을 보고 여러 가지 것을 느끼거나 생각하지만, 그 단계에서는 단순한 '알아차림' 정도입니다. 라운드 스터디에서는 소규모로 반복해서 화제로 삼고 교류함으로써 자신의 생각이 무엇이었는지가 뚜렷해집니다. 이해하기 어려웠던 점을 그룹에서의 대화 중에 자연스럽게 알게 되고, 전체 토론에서는 핵심이 되는 부분을 깊게 이해할 수 있다고 생각합니다. 또 주체적으로 참여할 수 있다는 점, 발언의 문턱이 낮아지는 것도 좋은 점입니다.
C선생님	대화의 주제가 확실히 제시되기 때문에 초점을 좁혀서 이야기할 수 있었다. 여행을 떠나, 원래의 그룹으로 돌아올 때, 과제나 의문점을 공유할 수 있었기 때문에 개선점에 대해서 더욱더 깊은 대화가 가능했다고 생각한다.
D선생님	저는 라운드 스터디 방법이 매우 좋다고 느꼈습니다. 우선 논점이 흔들리지 않는 것입니다. 이 점이 명확하기 때문에 의견도 깊어졌다고 생각합니다.

  본교에서는 2014년도부터 교내 연구수업의 협의회로 라운드 스터디 방식을 도입하고 있습니다. 이전에는 저학년, 중학년, 고학년, 전담이라는 고정된 그룹으로 토의해서 의견을 내는 방식이었습니다. 라운드 스터디를 도입하여 지금까지 17회 실천했는데, 대화의 활성화는 물론 질적으로도 깊은 논의가 가능해졌습니다. 라운드 스터디는 앞으로도 진화 가능한 그룹 활동입니다. 지금의 방법에 그치지 않고 더욱 좋은 형태를 모색해 가고 싶습니다.

총합과	초등학교 5학년	가와사키 시립 오시마(大島) 초등학교
연구수업 주제	다양한 자기표현과 자기실현을 위한 단원 만들기에 아이디어를 함께 내자!	

연수의 목적

다음 학년도의 5학년 총합 과목의 단원 만들기에 본교 선생님들의 다양한 아이디어를 도출해 내는 것이 본 연수의 목적이다.

지역을 소재로 한 방송 제작으로 어린이들의 자기표현과 자기실현의 기회를 제공하여, 긍정감을 높이고 싶다는 담임의 의사를 어떻게 단원을 통해 실현해 갈 것인가를, 어린이들의 실태를 고려하면서 라운드 스터디를 통하여 선생님들이 아이디어를 도출해 간다.

단원 만들기에 대한 담임교사의 구상

아동의 실태에 따라 본 단원에서는 '48명의 팀워크로 마을을 위해 할 수 있는 것', 즉 학생 전원이 마을을 위해 무엇인가를 만들거나 해 내는 것을 통하여 어린이들의 주체성을 이끌어 내고, 자신감을 갖고 발표나 발언을 할 수 있도록 하고 싶다고 생각했다.

이를 위한 하나의 수단으로 오시마 마을의 매력을 홍보하는 영상 제작을 48명이 하면 어떨까 생각하고 있다. 실제로 영상 제작을 할지는 어린이들의 생각에 따르겠지만 이런 구상을 한 것은 다음 두 가지 이유가 있기 때문이다

첫째는, 어린이들의 성장으로 이어질 것이라고 생각했기 때문이다. 영상 제작에는 말하기를 좋아하는 사람, 그리기를 잘하는 사람, 기구를 잘 다루는 사람 등 48명 모두의 장점(개성)을 활용할 수 있을 것이라 느꼈기 때문이다. '나는 영상 제작 과정에서 활약했다!'는 생각이나 '모두가 함께 했기 때문에 완성되었다'는 생각을 함으로써 성취감이나 달성감을 느끼고 6학년으로 진급하기를 바라는 마음이다.

둘째는, 영상을 제작하는 과정에서 어린이들이 오시마 마을 사람들과 교류하거나 함께 활동하는 중에 마을이나 지역의 사람들로부터 인정받아, '오시마 마을을 위해 우리도 무엇인가 할 수 있었다!'는 생각을 갖는 것이 중요하다고 생각했기 때문이다.

지금까지는 자신의 관점으로 오시마 마을의 매력을 느끼거나 발견해 왔다. 전교생 거의 모두가 오시마를 매우 좋아하고, 자신의 자랑이라고 이야기한다. 오시마 마을 사람 모두의 생각이나 마을 회장님의 소망을 듣고, 자신의 생각과 지역 사람들의 생각을 비교하면서 활동함으로써 마을에의 소속감을 높여 가고 싶다.

⬇ 그래서…

단원 구성을 위한 라운드 스터디 연수를 진행했다.

⬇ 연수 후

라운드 스터디에서 얻은 의견('지역 사람과의 여러 번에 거친 면담을 한 후 단원을 시작하면 좋을 것이다', '면담에서 얻은 정보와 자신들이 구상했던 점들의 차이를 알고, 전하고 싶은 것들을 소중히 여겨야 한다')을 중심으로 단원을 시작했다.

우선, 어린이 모두 라운드 스터디로 '오시마의 좋은 점'을 공유했다. 모아진 정보를 본 학생의 중얼거림('이것은, 정말 일부야. 우리들이 모르는 마을의 매력이 정말로 더 있을 것이야')을 시작으로, 다시 마을을 조사하고 싶다는 어린이들의 의욕이 높아져 인터뷰 활동을 시작했다. 현재는 정보를 정리하여 분석하고 있는 중이다.

라운드 1	대화	표현하고 싶다는 의욕을 어떻게 이끌어 낼까?

"~하고 싶다"가 중요하지요.

처음에, 어린이들의 자기표현에 관한 이야기가 많이 나왔다.

A선생님	저희 반은 별로 자기표현을 하지 않는 학생들입니다. '표현하고 싶다', '알리고 싶다'는 생각을 어떻게 이끌어 낼까요?
B선생님	원래 부끄러움이 많기 때문인지, 아니면 말할 것이 없어서 그런지를 분석해야 할 것 같아요.
C선생님	틀림없이 어린이들 마음속에는 막연하지만 말하고 싶은 것이 있을 것이라고 생각합니다. 하지만 표현을 어떻게 해야 하는지 그 방법을 잘 모르거나, 상대가 받아 줄 것인지 염려되어서 그런다고 생각합니다.
B선생님	다른 과목에서는 어떻게 하고 있습니까?

C선생님	표현력을 높이기 위해, 수학에서는 자신의 생각을 문장으로 쓰는 활동을 하거나, 국어는 읽은 것을 마인드맵으로 정리하고, 과학에서도 학습한 것을 마인드맵으로 정리하는 등의 활동을 하고 있습니다.
D선생님	누가 보더라도 이해할 수 있도록 쓰게 합니까?
C선생님	자신이 이해하면 된다고 생각합니다. 쓴 것이 다른 사람에게 말할 때 참고가 된다면 좋다고 생각하고 있습니다.
E선생님	표현하고 싶다는 마음이 있으면 그것을 살리고 싶겠지요. 교과에서는 담임이 지시하여 표현하게 하지만, 총합 과목에서는 자발적으로 전하고 싶은 것이 있어서, 그것을 가시화하는 방법이 좋겠지요.
A선생님	지역에 대한 애착이 높으면 전하고 싶다는 생각도 높아지겠지요.

이후, 5학년 학생의 지역사회에 대한 애착이 높아지면 어떤 모습을 보이는지에 대한 화제로 뜨거운 대화가 이어진다.

알리고 싶다는 생각을 높이고 싶어요.

주변 사람에게 친절한 어린이들이네요.

생각을 표현하는 활동을 하고 있습니다.

라운드 2	대화	5학년 학생의 애향심 높이기

지금까지의 학습을 계기로 삼고 싶어요.　　　지역을 더 넓혀 가고 싶어요.

라운드 2에서는 5학년 학생의 애향심을 높이는 방법이 화제가 되었다. 그 후 단원의 시작에 대해 각 선생님이 의견을 냈다.

F선생님	애향심은 30년 후에도 이 지역에 사는 것일까요?
G선생님	이 어린이들은 그동안 몇 번이나 지역 사람들과 교류해 왔으니, 지역 사람들에 대한 답례로 프로그램 만들기를 하면 좋지 않을까요.
H선생님	이전 담임의 이야기로는, 이 어린이들은 지역 사람들로부터 사랑을 받고 있는 것 같아요. 모두로부터 인사를 받고 있어 기분은 좋다고 생각합니다.
I선생님	하지만 지금까지 학습한 지역만으로는 좁다는 생각이 듭니다. 새로운 곳에는 가지 않은 것이 아닌지…. 5학년이 되어서 생활권이 넓어졌기 때문에, 자신이 정말로 프로그램에서 소개하고 싶은 것은 학교 근처가 아닐지도 모르고. 이런 면에서는 학생들의 의욕이 높지는 않은 편이지요.

G선생님	교사가 지시하면 할 수 있는 어린이들이지만, 스스로 하고 싶다는 생각을 갖게 하기 위해서는 시간이 걸릴 것 같습니다. 하지만 그때까지 기다리는 것이 중요하지요.
I선생님	좀 더 지역을 넓혀서, 여러 번 반복해서 한 곳을 다녀보면 알리고 싶은 생각이 높아지겠지요.
G선생님	어린이들 자신뿐만 아니라 지역 사람들이 생각하는 마을의 매력을 프로그램으로 만들어도 재미있을 것 같아요.
I선생님	그렇다면 지역 사람들에 대한 인터뷰를 여러 번 하는 것을 단원의 시작으로 잡으면 좋지 않을까요.
F선생님	지역 사람들의 생각을 이해한다면, 점점 지역 사람들이 사는 마을에 대한 애착도 높아지지 않을까 생각합니다. 그러니 무엇을 위해 인터뷰하는지를 명확히 하고 싶습니다.

지역의 좋은 점을 몽땅 듣고 오기를.

지역으로부터 굉장히 사랑받고 있네요.

하고 싶다는 생각을 소중하게 여기고 싶네요.

| 라운드 3 | 대화 | 인터뷰의 계기-차이를 어떻게 활용할까? |

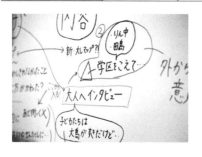

차이가 탐구의 실마리

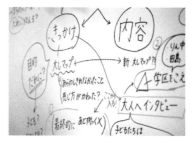

지금까지의 학습을 토대로

라운드 3에서는 영상 만들기와 인터뷰 활동에 대한 화제를 시작으로, 어떤 활동 순서로 해야 효과적인지에 대한 뜨거운 의논이 진행되었다.

J선생님	처음부터 영상 만들기에 착수하면⋯. 어린이들의 생각이 고조되고, 고조된 그것을 전하기 위한 프로그램도 좋지 않을까요.
K선생님	어린이 모두가 영상 만들기를 하고 싶어 하겠지요. 하지만 왜 영상을 만드는지를 먼저 생각할 필요가 있지 않을까요.
L선생님	학생들이 추구하는 것은 영상 만들기이지만, 반면에 어른의 의도는 영상 만드는 과정을 통해 지역 사람들과 많이 만나서, 지역에 대한 애향심을 기르는 것이겠지요.
J선생님	지역 사람을 자주 인터뷰해서, 지역 사람들의 생각의 차이로부터 방송 제작에 들어가는 것이 좋다고 생각합니다. 생각의 차이를 어린이들이 조사하거나 알리는 등의 활동으로 연결시킵니다. 또, 어른은 지역의 매력을 어린이보다 더 잘 알고 있겠지요. 그래서 더 조사해야지 하는 의욕이 높아질 것 같아요.

L선생님	그럼 5학년 학생의 애향심은 어떤 모습일까요?
J선생님	어린이들의 지역에 대한 애착은 점점 더 높아 갈 것입니다. 5학년 학생의 발달단계를 고려하면, 지역에 대한 애착이 높아지는 모습은 지역 사람의 성함을 알고 부르는 것이 아닐까요?
L선생님	바로 그렇다고 생각합니다. 그럼 최초 인터뷰의 계기는 어떻게 만들지요?
J선생님	역시, 어린이들이 지역의 좋아하는 곳을 알아본 후에, "그럼 지역 사람들은 어떻게 생각하고 있을까"라고 말문을 트는 것으로 시작하면 어떨까요?
K선생님	좋네요. 교사가 생각하는 이 지역의 매력과 어린이들이 생각하는 매력에도 차이가 나타난다고 생각합니다.
J선생님	그렇습니다. 역시 많은 사람에게 들을수록 마을의 매력이 더 나오겠지요. 교사보다도 지역 어른들이 단연코 더 상세하겠지요.

담임이 무엇을 목표로 하고 있을까요.

지역 사람을 이름으로 서로 불러주었으면.

계기는 중요하지요.

최종 라운드	전체 토론	최종 라운드의 모습

마지막 공유의 장에서는 어느 그룹이나 거의 같은 화제로 열기를 띠었기 때문에 주로 다음 두 가지 점을 화제로 삼았다.

첫 번째는, 지역 어른들을 대상으로 인터뷰를 반복하면 다른 시점으로 본 마을의 매력에 관한 정보를 모을 수 있고, 그것을 영상으로 정리하는 방법이 있다.

두 번째는, 기존의 영상을 어린이들에게 보이고 "모두의 힘으로 만들어 볼까"라고 권하는 방법이다.

각각 장점과 단점이 열거되어, 앞으로 담임이 단원을 구상해 나갈 때에 매우 유익한 대화의 장이 되었다.

A그룹

저희 그룹에서는 **인터뷰 활동을 통해서 지역 사람들을 좋아하는 마음을 우선적으로 갖도록 하자**는 의견이 많이 나왔습니다. 그런 바탕에서 영상 만들기 활동을 활성화하는 데는 두 가지 방법이 있다고 생각합니다.

첫 번째는 우선 어린이들이 자기 마을의 좋은 점을 서로 찾아냅니다. 그런 후에 '지역 사람들은 어떻게 생각하고 있을까'라고 담임선생님이 질문합니다. 선생님의 질문에 어린이들이 답을 찾기 위해 마을 사람들을 인터뷰합니다. 인터뷰를 통하여 학생들의 생각과 마을 사람들의 생각에 차이가 있다는 것을 알아차리게 됩니다. 이런 과정을 통하여 자연스럽게 자신들의 마음을 알리고 싶은 의욕이 높아질 것입니다.

두 번째는 처음부터 영상을 만들자고 권하여, 프로그램을 만들기 위해 인터뷰를 실시하는 방법입니다.

결론은 첫 번째 방법이 이 어린이들에게 더 적합하다고 생각합니다.

B그룹

저희 그룹에서는 지역 사람들로부터 어린이들이 사랑받고 있다는 의견이 많이 나왔습니다. 이를 바탕으로 프로그램 만들기를 어떤 순서로 하면 어린이들에게 보다 좋은 배움이 될 것인가를 의논한 결과, '처음부터 영상 만들기를 제시하면, 틀에 맞춘 학습 활동이 되어 버리지 않을까'라는 결론에 이르렀습니다. 따라서 인터뷰를 여러 번 해 가는 활동부터 시작하는 것이 좋다고 생각했습니다.

또, 어린이들의 마을에 대한 이미지와 지역 사람이 생각하는 이미지를 여러 번 분석해서, 세대별로 정리하고 표현하면 좋지 않을까라는 의견도 나왔습니다. 어린이들로부터 '방송을 만들자'라는 말이 나올 때까지 끈기 있게 기다리는 것이 중요하겠지요.

평가 준거

	과제 탐구 [내용]	과제 탐구 [방법]	탐구·창조적 배움 [개인적 배움]	의사 소통
5	본시의 수업연구를 통해 그룹 활동의 모습이 매우 명확해졌다.	라운드 스터디 방법은 본시 수업을 관점을 갖고 분석해 나가는 데 크게 유효했다.	많은 자극을 받아, 내일부터의 교육 활동이나 학습 진행에 매우 좋은 배움의 장이 되었다.	대화나 의논이 매우 재미있었다.
4	본시의 수업연구를 통해 그룹 활동의 모습이 대체로 명확해졌다.	라운드 스터디 방법은 본시 수업을 관점을 갖고 분석해 나가는 데 대체로 유효했다.	몇 가지 자극을 받아, 내일부터의 교육 활동이나 학습 진행에 좋은 배움의 장이 되었다.	대화나 의논이 대체로 재미있었다.
3	본시의 수업연구를 통해 그룹 활동의 모습이 보였다.	라운드 스터디 방법은 본시 수업을 관점을 갖고 분석해 나가는 데 유효했다.	내일부터의 교육 활동이나 학습 진행에 좋은 배움의 장이 되었다.	대화나 의논이 재미있었다.
2	본시의 수업연구를 통해 그룹 활동의 모습을 불분명하게 느꼈다.	라운드 스터디 방법은 본시 수업을 관점을 갖고 분석해 나가는 데 별로 도움이 되지 못했다.	새로운 배움이 별로 없었다.	대화나 의논이 별로 재미없었다.
1	본시의 수업연구를 통해 그룹 활동의 모습을 더욱 더 이해하지 못하게 되었다.	라운드 스터디 방법은 본시 수업을 관점을 갖고 분석해 나가는 데 도움이 되지 못했다.	새로운 배움이 없었다.	대화나 의논이 크게 재미없었다.
	4.2	4.2	4.2	4.3

팀원 소감	
A선생님	누구나 자신의 의견을 말할 수 있었기 때문에 매우 좋은 대화의 방법이라고 생각합니다. 신임, 중견, 베테랑 등 교육 경력과 관계없이 많은 의견을 낼 수 있어서 매우 유의미한 시간이 되었습니다.
B선생님	이번 연수를 통하여 자신이 담당한 5학년 학생들의 실태를 보다 상세하게 알 수 있었다. 작년 담임과 나 자신이 보지 못한 활동의 모습. 동료 선생님들이 제시한 방법이나 지원은 저희 학급에 맞는 처방이라서 매우 귀중한 의견을 많이 얻을 수 있었다.
C선생님	여러 가지 의견이 나와서 정말로 즐거웠습니다. 또, 의견이 많아 다양한 관점으로 생각할 수 있었고, 새로운 발견을 할 수 있었습니다.
D선생님	연수에서 지역 사람과의 교류가 가장 중요한 화제가 되었기 때문에, 라운드 스터디에서 얻은 의견을 그대로 참고하여 단원을 진행하고자 생각한다. 두 명의 학급 담임 아이디어에 모든 동료 선생님들의 아이디어를 더함으로써 정말로 좋은 단원 구상이 되었다. 실로 뜻깊은 연수였다.

본교에서 연수나 연구협의로 라운드 스터디를 시작한 지 벌써 4년이 지났다. 이 방법은 획기적인 대화 방법이라는 실감이 들고, 연수 때마다 활용하는 횟수가 가속적으로 늘고 있다. 이번 연수에서도 45분이라는 짧은 시간에 모든 선생님들이 5학년 학생들의 실태를 고려한 단원 구상을 서로 이야기하고 공유할 수 있었던 것은 정말로 가치 있는 일이다.

라운드 스터디는 5학년 담임선생님이 원하는 다양한 자기표현·자기실현을 위해 모든 선생님이 협동으로, 학교 전체가 어린이들을 교육해 가는 체제가 되어 단원 만들기를 앞두고 매우 유익한 수단이 되었다.

국어과	초등학교 4학년	도쿠시마현 미마 시립 아나부키(穴吹) 초등학교
연구수업 주제	\multicolumn{2}{l}{명확한 학습 목표와 효과적인 되돌아보기 활동으로 학생의 학력을 높이자!}

연수의 목적

　본교에서는 학생들의 학력 향상을 위한 노력을 계속해 오고 있다. 지난번 연수에서는 사고 활동과 기초적인 기능 습득 활동을 1시간 수업 속에 어떻게 구성해 나갈 것인가, 배운 것이 정착되어 다음 차시 학습에 흥미를 갖게 하기 위한 효과적인 되돌아보기를 어떻게 시켜야 하는지를 고민했다. 본시에서는 수업자의 의도가 어떻게 반영되었는지와 구체적인 수단은 어떠했는지 등에 대한 논의를 한다.

수업 개요
(전 6차시)

단원명	고사성어 퀴즈를 만들자
단원 목표	▶ 속담과 고사성어에 대해 알고, 그 의미를 이해해서 사용할 수 있다.
본시의 전개	1. 자신이 고른 속담이나 고사성어의 의미를 되돌아보고 수업 목표를 확인한다. 2. 사용 사례를 보고, 읽는 사람이 잘 이해할 수 있는 조건을 생각하자.

본시의 전개	3. 속담이나 고사성어를 사용한 문장을 쓰자. 4. 쓴 문장을 서로 읽어 보고 잘된 점을 발견한다. 5. 학습을 되돌아본다.
아동의 모습	▶ 생각하고 있는 것을 표현하고 싶은 마음은 있지만 그 의도를 잘 전달하지 못한다. ▶ 말을 올바르게 사용하기와 주술 관계를 의식한 문장 만드는 것에 어려움이 있다. ▶ 사전을 찾아봄으로써 지금까지 애매한 단어나 한자를 정확하게 이해할 수 있고, 거기서 오는 기쁨을 느끼고 있다. ⬇ 그래서⋯ ▶ 스스로 어휘를 늘릴 수 있도록 하고, 표현력이나 이해력을 높이고 싶다. ▶ 상대를 의식하거나 목적의식을 갖고, 적절히 말하거나 쓸 수 있도록 하고 싶다.
본시의 모습 (성과와 과제)	스스로 만든 속담·고사성어 퀴즈를 학교에 게시하고, 모든 학생들을 대상으로 학습 성과를 발표하는 것을 목표로 설정했다. 또, 활동을 통해 글 쓰는 힘을 기르자는 목표도 공유했다. 이처럼 목적의식을 명확히 함으로써 어린이들은 의욕적으로 학습에 참여할 수 있었다. 학습의 힌트를 제공할 때에는 많은 어린이들이 몰려들어서 교사가 응대하기 바빠서 한 사람 한 사람 개별적으로 지도하는 시간을 충분히 가질 수 없었다. 쓰는 것에 익숙하지 않은 학생들이 많아서 예정된 시간을 넘겼다.

라운드 1	대화	목적의식 VS 타자의식

생활 속에서 힌트를 발견하자.

대화는 좀 어렵네.

수업 모습이나 학급의 분위기 등 일반적인 감상으로부터 대화가 시작됐다. 언제나 열심인 F선생님이지만 수업 준비에 많은 시간이 걸렸다는 이야기가 있었다.

어린이 한 사람 한 사람마다 개별 활동지를 만들었다는 것을 알자, 그룹의 선생님들이 감탄하는 소리가 들려왔다. 이 활동지 덕으로 모든 어린이들이 사용 방법의 사례를 알 수 있었고, 달성감을 느낄 수 있었던 수업이 되었다. 하지만 한 선생님의 발언에서부터 대화는 전혀 다른 방향으로 전개되어 간다.

호스트	글짓기가 서툰 어린이들이 많았는데도 모든 사람이 완성할 수 있었던 것은 대단하다는 생각이 듭니다.
A선생님	모둠이나 학급 전체의 대화가 좀 더 활발했으면 좋았을 것 같습니다.
B선생님	친구의 글은 자신이 선택한 속담이 아니라서, 어디가 좋은지와 어디를 고치면 좋은지를 판단하는 기준을 몰랐다고 생각합니다.

C선생님	어린이들 자신이 선택한 것이라서 자기 생각도 있고, 정성껏 글을 쓸 수 있었습니다. 때문에 목적의식은 확실히 지니고 있었다고 생각해요. 그 반면에 친구의 글에 대한 조언은 힘들어했던 것 같아요. 때문에 타자의식이라는 점에서는 한 번 더 생각해야 하지 않을까요.
B선생님	같은 속담이 3개 정도 있으면 말하기 쉽지 않을까요.
C선생님	하지만 자신이 좋아하는 속담이 아니기 때문에 이번에는 목적의식이 약해질 것 같아요.
호스트	어느 쪽에 초점을 맞추어 수업을 진행하면 좋을까요?
A선생님	저는 오늘과 같은 형식(목적의식)이 좋다고 생각해요. 역시 자신이 선택한 것은 의미가 있으니까.

작문 지도 방법 등 선생님의 평소의 실천도 거론하면서 대화는 점점 더 달아올랐다.

라운드 2	대화	되돌아보기의 효과적인 방법을 함께 생각하자

제가 생각한 사용 방법을 들어주세요.　　역시 힌트가 있으면 생각하기 쉽다.

　　라운드 1에서의 논의를 간단히 요약한 후, 어디에 초점을 맞추어 수업을 해야 하는지, 그 결과에 따라 내용이 크게 바뀐다는 대화 후, 화제는 지난번 연수에서 나왔던 되돌아보기를 시키는 방법으로 옮겨갔다.

호스트	지난번 수학 연구에서도 화제가 되었지만, 오늘 되돌아보기 활동은 어떠했는지요?
D선생님	저는 좋았다고 생각합니다. 어린이들은 되돌아보기에서 확실하게 말하고 있었지요.
E선생님	저도 그렇게 생각합니다. 선생님이 이끌어 주는 글에다, 학생들이 이어지는 말을 자신의 말로 문장을 구성해 나감으로써, 관점을 갖고 학습을 되돌아볼 수 있어서 학습 목표에 맞는 되돌아보기가 되었습니다.
F선생님	오늘처럼 되돌아보기가 된다면 무엇을 학습했는지가 명확해지고, 배운 내용의 정착도 잘될 것이라고 생각합니다.

E선생님	6학년이 될 무렵에는 이끌어 주는 글이 없이, 자신의 글만으로도 되돌아보기가 가능한 어린이로 육성하고 싶습니다.
D선생님	그렇게 되려면 어린이들 마음속에 되돌아보기도 학습이라는 의식이 심어져야 하겠지요. 되돌아보기를 일종의 덤이라고 생각하는 어린이도 있어요.

이후 체육 교과도 포함된 다른 교과의 되돌아보기도 화제가 되고, 다양한 방법에 대한 논의로 발전해 갔다.

I선생님	여러 가지 방법이 있겠지만, 저는 역시 어휘를 되돌아보는 것이 좋다고 생각합니다.
호스트	하지만 되돌아보기 시간이 가능합니까?
F선생님	실제로는 꽤 어렵습니다. 저도 하루에 2차시가 가능하다면 좋은 정도입니다.
D선생님	저도 그렇습니다. 역시 되돌아보기의 내용에 대한 연수를 충실히 해서, 효과적인 방법을 모두 함께 생각해 보는 것이 중요하겠지요.

어떤 아이라도
확실하게 쓸 수 있네요.

이야기하는 것은
재미있네요.

교장 선생님도
대화에 열중하고!

라운드 3	대화	역시 '한 사람 한 사람이 빛나는 모습'은 멋지다

겨우 완성했네!   나라면 이렇게 만들겠습니다.

라운드 1에서는 어린이들에게 길러 주고 싶은 능력에 따라 수업의 구성이 달라지는 것, 라운드 2에서는 주로 되돌아보기에 대해 대화했다. 라운드 3에서는 다른 테이블에서 새롭게 배운 것이 더해져, 논의는 최종 라운드를 향해 달아올랐다.

B선생님	저의 테이블에서도 한 사람 한 사람을 배려한 섬세한 지도와 활동지가 좋았다는 이야기가 많이 나왔습니다.
C선생님	그래서 모든 어린이가 정말로 생기발랄하게 활동할 수 있었습니다.
A선생님	그래요. 그 점이 가장 멋졌습니다. 어쨌든 어린이들의 웃는 얼굴이 좋았어요.
C선생님	다음 단계에서는 속담을 몇 개로 좁혀서 차이를 발견하거나 서로 비평하는 활동을 하면 좋겠다는 생각이 듭니다. 그렇게 하면 오늘 화제가 된 K군의 '물 만난 물고기'의 사용 방법에 대해서도 모두 함께 의논할 수 있었을 것입니다.

B선생님	개인과 집단처럼 두 개의 학습 스타일이 나선형으로 연결된다면 어린이의 학력도 육성되어 가겠지요.
A선생님	그래서 자신의 생각을 확실히 기술한 오늘의 활동은 없어서는 안 될 것입니다.

여기서부터 논의는 본시의 매력으로 전개되었다.

B선생님	역시 무엇보다도 한 사람 한 사람에게 맞는 개별 과제와 효과적인 되돌아보기가 제대로 실시되었던 점은 대단했습니다.
C선생님	어린이들의 의식을 살펴보면 전해 줄 상대가 명확했기 때문에 도전하고 싶다는 마음이 배가 되어, 배움의 에너지가 되었다고 생각합니다.

이후 과제에 대해서도 열심히 대화했다. 우선, 다음 활동을 어떻게 구성해 나갈 것인가. 구체적으로는 이 수업에서 깊어진 각각의 생각을 어떻게 협동적 집단사고로 이어 갈 것인가. 또 다른 하나는 '결과', '알게 된 점', '되돌아보기' 등 어린이들에게는 정리하기 어려운 개념을 확실하게 구조화하는 것의 중요성에 대해서도 이야기했다.

되돌아보기 연수가 필요합니다.

말하고 싶은 것이 가득 차 있지만…

선생님 수업 멋졌어요~!

최종 라운드	전체 토론	최종 라운드의 모습

최종 라운드에서는 각각의 그룹으로부터 수업의 매력과 과제에 대한 보고가 있었다. 매력으로는 한 사람 한 사람에 맞는 수단을 강구함, 어린이들의 학습 기능이 정착되어 있는 점, 자신이 선택한 속담이기 때문에 학습 의욕이 상당히 높았던 점, 단원을 잘 생각해서 구성한 점을 들었다. 특히 한 사람 한 사람이 활기차게 활동할 수 있는 내용이었다는 점을 매력으로 든 그룹이 많았다.

과제로는 학습을 어떻게 평가해야 하는지, 학력차를 줄이기 위한 방법, 집단적 사고에 의한 협동 학습으로 전개해 가기 위한 과정 등이 열거되었다.

A그룹

말하는 사람은 확실하게 상대를 보고 말하고, 듣는 사람도 끝까지 이야기를 들어주는 것. 당연하지만 위와 같은 것들이 모든 학생들에게 가능했던 점이 대단합니다. 선생님이 무엇을 소중하게 생각하는지가 잘 이해되었습니다. 또 '활용 사례', '참고가 되는 책', '선생님 이야기' 등 학습을 지원하는 수단이 많이 있어서, 어떤 학생이라도 충실한 활동이 가능했습니다.

하지만 개인의 배움이 깊어가는 반면, 어린이끼리의 교류하는 장면이 적었고, 교사가 학생들 전체를 돌보는 것이 어려웠다고 느꼈습니다.

또 평가를 어떻게 할 것인지, 객관적인 평가 준거를 어떻게 만들어 갈 것인가도 생각하지 않으면 안 된다는 의견도 있었습니다. 때문에 이어지는 수업이 기대됩니다. 오늘 정말 감사합니다.

한 사람 한 사람이 정말로 활기차게 활동했습니다. 그것은 자신이 이 속담을 선택했다는 기분이 강했기 때문입니다. 또 선생님의 착실한 지도로 전원이 활용 사례를 만들 수 있었습니다. 때문에 어린이들의 만족감은 대단했습니다. 상대의식과 목적의식을, 강약을 고려하면서 적절하게 배치한 단원 구성도 멋집니다. 학생들은 단원의 목표를 확실하게 알게 되었습니다.

이후 친구의 문장에 코멘트를 달거나, 자신의 문장과 비교하면서 서로의 생각을 함께 높여 가는 활동을 어딘가에는 배치할 필요가 있다고 생각합니다. 그리고 이 시간의 되돌아보기를 시키는 방법도 좋았습니다. 다른 교과에서도 어떻게 하면 좋을지를 모두 함께 생각해 보고 싶습니다.

라운드 E		되돌아보기	

평가 준거

	과제 탐구 [내용]	과제 탐구 [방법]	탐구·창조적 배움 [개인적 배움]	의사 소통
5	본시의 수업검토회를 통해 본교가 목표로 하는 학력 향상을 위한 노력이 매우 명확하게 되었다.	라운드 스터디 방법은 본시 수업을 관점을 갖고 분석해 나가는 데 크게 유효했다.	많은 자극을 받아, 내일부터의 교육 활동이나 학습 진행에 매우 좋은 배움의 장이 되었다.	대화나 의논이 매우 재미있었다.
4	본시의 수업검토회를 통해 본교가 목표로 하는 학력 향상을 위한 노력이 어느 정도 명확하게 되었다.	라운드 스터디 방법은 본시 수업을 관점을 갖고 분석해 나가는 데 대체로 유효했다.	몇 가지 자극을 받아, 내일부터의 교육 활동이나 학습 진행에 좋은 배움의 장이 되었다.	대화나 의논이 대체로 재미있었다.
3	본시의 수업검토회를 통해 본교가 목표로 하는 학력 향상의 모습이 보였다.	라운드 스터디 방법은 본시 수업을 관점을 갖고 분석해 나가는 데 유효했다.	내일부터의 교육 활동이나 학습 진행에 좋은 배움의 장이 되었다.	대화나 의논이 재미있었다.
2	본시의 수업검토회를 통해 본교가 목표로 하는 학력 향상의 모습이 별로 보이지 않았다.	라운드 스터디 방법은 본시 수업을 관점을 갖고 분석해 나가는 데 별로 도움이 되지 못했다.	새로운 배움이 별로 없었다.	대화나 의논이 별로 재미없었다.
1	본시의 수업검토회를 통해 본교가 목표로 하는 학력 향상의 모습이 전혀 보이지 않았다.	라운드 스터디 방법은 본시 수업을 관점을 갖고 분석해 나가는 데 도움이 되지 못했다.	새로운 배움이 없었다.	대화나 의논이 크게 재미없었다.
	3.7	4.6	4.2	4.6

팀원 소감	
A선생님	보통의 연수회와 달리 모두가 자유롭게 발언할 수 있다 점이 좋습니다. 그룹을 바꿔서 다른 그룹의 의견을 듣는 것도 참고가 되었습니다. 조언자 등 특정의 누군가가 수업을 정리하지 않고, 동료나 같은 입장의 선생님이 정리하기 때문에 더욱 친밀했고 받아들이기 쉬웠습니다.
B선생님	대화의 분량은 보통 연수회의 수십 배라고 말해도 좋을 정도로 많습니다. 할말을 다 하고, 전하고 싶은 것을 전할 수 있어서 마음이 상쾌해졌습니다. 좋았습니다.
C선생님	지금까지의 연구회에서는 수업의 좋은 점은 쉽게 말할 수 있었지만, 개선점은 말하기 어려웠습니다. 라운드 스터디에서는 매력과 과제가 주제이기 때문에 개선점도 부담 없이 말할 수 있어서 좋았습니다.
D선생님	자신의 의견을 말하기 쉽고, 깊은 대화를 할 수 있었습니다. 모두가 연수를 했다는 기분이 들었고, 앞에서 발표하는 사람의 좋은 점도 많이 발견할 수 있어서 좋았습니다.
E선생님	매우 재미있고, 도움이 되는 시간이었습니다. 수업에 대해서는 물론이고 선생님의 평소의 노력에 대해서도 알게 되어 좋았습니다. 쓰면서 말하는 것에는 좀 더 익숙해지면 좋을 것 같아요.

이 연수에는 강사도 조언자도 없다. 교사 자신들이 의논하고, 매력과 과제에 대해 생각해서 보다 좋은 수업을 만들어 간다. 라운드 스터디는 연수라기보다는 차라리 배움의 장이다. 선생님들의 목소리는 라운드가 진행될수록 커지고, 웃는 얼굴로, 때로는 몸짓이나 손짓으로도 대화가 진행된다. 그런데 거론되는 이야기는 수준이 높아, 아동의 실태와 교사의 수단에 대해서 의논해 가면서 교과의 본질을 찾아간다. 몰입해서 대화하다 보니 벌써 마지막 라운드.

이것으로 모든 것을 이해했다고는 말할 수 없지만 무엇인가 잡았다. 모두로부터 기운과 지혜를 받아서 내일 또 힘내자는 기분이 된다. 여러분 감사합니다.

국어과	초등학교 4학년	아이치현 도요카와 시립 이치노미야남부(一宮南部) 초등학교
연구수업 주제		'배움판'*을 활용한 '그 교과다운' 수업의 방향을 생각하자!

연수의 목적

'배움판'을 활용한 소그룹 활동에서의 어린이들 모습에서, 목표에 다가가는 배움의 자세를 확인하고, 앞으로 필요한 설명문 학습의 방식에 대해 생각한다. 구체적으로 살펴보면, 친구와 이야기하면서 자신의 생각을 깊게 하고, 재구축해 가기 위한 도구로서의 배움판 활용은 유용했는가? 또, 퍼포먼스 과제를 활용한 단원 전체의 구성과 본시의 위치 설정, 전개 방법에 대해 이야기한다.

수업 개요 (전 8차시)	
단원명	만들자! '생물들의 살아가기 위한 지혜 책' -소라게와 말미잘
단원 목표	▶ 설명문을 쓴다는 목적을 의식해서 교재를 읽고, 구성과 표현 방법을 이해한다. ▶ 읽는 사람이 이해하기 쉽도록 질문을 생각해서 글을 구성한다. ▶ 조사한 것이 전해지도록 단락 간의 관계를 의식한 설명문을 쓴다.

*본교에서는 40cm × 60cm의 화이트보드를 '배움판'이라고 부름.

본시의 전개	1. 이 시간의 과제를 확인하고, 전 시간에 생각한 '구상학습지'를 새롭게 한다. (5분) 2. '탐구형 모둠 활동'을 실시하고, 과제에 대해 서로 이야기한다. (25분) 〈과제〉 '살아가기 위한 지혜'를 소개하기 위한 질문을 생각하자. 3. 모둠별로 '구상학습지'를 교환하고, 조언카드를 보낸다. (10분)
아동의 모습	▶ 국어 공부를 좋아하고, 어휘에 주목하면서 이야기를 즐기며, 말을 신체 표현으로 나타내는 것을 좋아한다. '배움판'을 활용한 그룹 활동도 익숙하고, 머리를 맞대고 재미있게 대화하는 모습이 자주 보였다. ▶ 도마뱀이나 가재 등 생물을 매우 좋아하는 학생이 많다. ⬇ 그래서… ▶ 살아가기 위한 지혜를 소개하는 설명문을 교과서를 참고로 쓰게 하고 싶다. ▶ 타인에게 설명하는 글쓰기가 어렵다는 것을 알고, 구성이나 어휘의 사용 방법을 중시하여 설명하는 글을 쓸 수 있도록 하고 싶다.

본시의 모습 **(성과와 과제)**	전 시간에 설명문의 '구상학습지'를 개별적으로 만들었다. 본시는 이를 바탕으로 3개의 질문을 결정하는 활동을 중심으로, 모둠 '구상학습지'의 완성을 생각했지만, 다양한 의견이 나와 대화가 길어져 정리에 시간이 걸렸다. 또, 3개의 질문을 어떤 순서로 나열하면 알리고 싶은 것이 더 잘 전해지는 구성이 되는지에 대해 제대로 의논한 모둠이 있었다. 반면에 질문 3개를 정하는 것에 그친 모둠도 있었다. 하지만 개개인의 생각을 서로 확인함으로써, 살아가기 위한 지혜를 전하기 위한 효과적인 질문은 무엇인가를 각 모둠별로 정리할 수 있었다.

라운드 1	대화	학습 의도를 어디에서 되돌아보게 하나?

'배움판'은 책상보다 약간 큰 화이트보드.
어린이들은 자꾸자꾸 써넣는다.

생각을 시각화하는 것은
어린이들의 사고를 돕는다.

라운드 1에서는 본시의 '배움판'을 둘러싼 어린이들의 대화 모습에 대한 솔직한 소감을 나누었다. 본시에 들어가기 전에 혼자서 의욕적으로 공부한 점, 그래서 대화하고 싶은 동기가 높았던 점, 모든 모둠에서 대화가 끊어지지 않고 이어진 점 등이 화제로 나왔다.

A선생님	이 시점에서 모둠 활동을 실시한 의미를 생각했는데, 도마뱀 모둠은 왜 꼬리를 자르는지, 잘라진 다음 어떻게 되는지, 몸을 지키는 지혜를 전하기 위한 질문의 흐름을 생각하면서 서로 의견을 제시하여 질문의 순서를 열거하고 있었지요.
B선생님	질문의 흐름이 잘 구성되었습니까?
A선생님	잘 구성되었습니다. 왕새우 모둠도.
C선생님	하지만 질문 3개의 흐름을 생각하지 않고 그대로 둔 모둠도 있었어요.

여기서 학습의 의도를 어떻게 확인시키면 좋을까라는 화제로 전개되어 갔다.

D선생님	결국, 설명문은 무엇을 전하고 싶은가에 달렸겠지요. 저 아이들, 예를 들면 공벌레 모둠은 새의 부리보다도 껍질이 단단한지를 조사했어요. 질문을 통해 공벌레의 지혜를 설명할 수 있게 하지요.
C선생님	바로 그 점, 중요한 지적입니다.
D선생님	네, 교과서의 소라게와 말미잘을 공부할 때, 질문의 의미를 어느 정도 이해했는지에 달렸지요.
C선생님	이번 시간의 어디엔가 그 의미를 되돌아보게 하는 장면이 있으면 좋겠네요.
A선생님	학습 의도의 확인이네요.
B선생님	그것은 설명문을 쓸 때의 핵심인데, 교과서의 설명문을 배울 때 정리했을 텐데. 학생들에게 잘 전해지지 않았나.
A선생님	시각정보로 제대로 보여 준다면 다시 확인하기 쉽지 않았을까?

이후에 학습 이력을 남기는 방법으로 화제가 전개되고, 라운드 1은 끝난다.

모두,
전하고 싶은 것이 많았다.

여학생들도 도마뱀을
주머니에 넣고 있어요.

되돌아보는 장면이 있으면
좋겠네요.

| 라운드 2 | 대화 | 대화를 통해 어린이들의 배움은 깊어진다 |

진지해지자 이해하게 되네.

노트나 교과서도 생각을 만들기 위한 중요한 자료다.

호스트가 라운드 1의 모습을 이야기하자, E선생님이 '어린이들이 정말로 전하고 싶었던 것은 무엇이었을까?'라는 질문을 했다.

E선생님	결국, 이 어린이들은 이야기하고 싶은 것들이 많았습니다. 하지만 3개로 좁혀야 했지요.
F선생님	좁힘으로써 이야기하기 어렵게 되었지요.
E선생님	뭔가 좀 다르다고 이야기하더군요. "더 많은 것을 알고 있고, 조사한 것을 그림으로 그리고도 싶은데", "내가 이야기하고 싶은 것은 이건데"라고. T양은 곰치에 대해 열심히 말했지만, 곰치는 제외되었지요.
G선생님	살아가기 위한 지혜가 주제였는데 말입니다.
B선생님	어린이들이 이야기하고 싶은 것과 선생님이 요구한 것에 어긋남이 있었나?

이 시점에서 화제는 의도에 따른 '배움판'의 활용 방법으로 깊어져 간다.

E선생님	'배움판'의 사용은 이미 자유. 더 담아낼 수 있어요. 글뿐만 아니라 그림도 그리고, 표도 그릴 수 있고, 흥미 있는 것은 더 쓸 수도 있지요.
G선생님	'배움판'에다 쓰는 방법 지도도 의식하고 있었겠지만, 고정되었네요.
F선생님	그렇습니다. '배움판'에 아이디어가 많이 나오면, 설명하는 글도 재미있게 되는데.
B선생님	이번에는 모둠으로 한 개의 설명문을 쓰기 때문에 어떤 순서로, 어디에 모둠 활동을 넣으면, 읽는 사람에게 흥미를 끄는 설명문이 될 것인가가 초점이겠지요.
G선생님	혼자서는 힘들지만… 모둠의 힘으로 써 나가자고 하는 것이 대견했습니다.
F선생님	모둠으로 쓰는 것도 힘들지요… 그런데 교무실에서도 그렇지만 이렇게 거칠지만 서로 대화하면 아이디어가 나오지요.
E선생님	그럼 그렇지요. '이렇다', '저렇다'라고 이야기하는 것 자체가 배움이지요.
F선생님	모둠 활동한 것을 다시 혼자서 생각해 보는 것도 좋지요.
E선생님	생물의 신비처럼 넓은 주제가 좋았을지도 모르겠습니다.

이 아이들은 이야기하고 싶은 것이 많네요.

이 의견과 어느 의견이 연결되어 있나요.

질문을 3개로 좁히는 것은 꽤나 어렵지요…

라운드 3	대화	교사가 무엇을 요구하고 있는지, 설명문 학습에서 전하고 싶은 것을 확실히 한다

대화의 장소는 어디라도 상관없어요!

모두 편안하게 대화하니
웃는 얼굴이 많네.

어린이들의 높은 의욕을 살리기 위한 수업 전개에 관한 대화를 한 후, '수업의 매력과 과제'에 대한 발표지 만들기에 돌입한다.

B선생님	의욕이 높은 것은 매우 소중한 것. 때문에 그것을 지탱해 주는 것은 무엇일까를 생각해 보는 것도 좋을 것 같네요.
D선생님	이 아이들은 어쨌든 생물을 정말로 좋아해요. 남자도 여자도 도마뱀을 매우 좋아하니.
C선생님	그런데 '교교랜드'(동물원)로부터 부탁이 온 것이지요. 이 점이 재미있습니다. 그 점을 오늘 수업에서도 한 번 더 되돌아보면 좋았을 것 같아요.
B선생님	그것이 **최초의 실천 과제**이지요. **학생들의 의욕으로 연결**되었지요.

단원 초기에 시의 단체로부터 '친근한 생물도감'을 만들어 달라는 의뢰(실천 과제)가 학생들에게 왔다. 이 목표를 향해서 학습이 전개된 점이 이 수업의 매력이 되었다. 그다음은 '배움판'에 관한 화제로 넘어간다.

D선생님	다른 테이블에서도 이야기가 나왔지만, '배움판'을 학생들이 능숙하게 활용하네요.

A선생님	팀원들과 함께 쓰면 금방 가득 차지요. 그것도 매력이네요.
B선생님	그래요 그래. 그것도 써 둡시다.
A선생님	그렇다면, 역시 과제는 어린이들이 무엇을 전했는지가 되겠지요.
C선생님	설명문에서는 전하고 싶은 것을 확실히 해야 하는데, 선생님은 무엇을 요구했을까요.
A선생님	선생님은 범위를 좁히고 싶었고, 학생들은 넓히고 싶었겠지요. 좀 더 자유도가 높았으면 좋았을 것 같아요.
D선생님	그것은 이 설명문 학습에서 무엇을 요구하고 있었는지에 달렸겠지요.
A선생님	설명문의 구조를 제대로 배우게 할 것인가, 아니면 어린이들의 전하고 싶은 기분을 더 중요하게 여겨야 할 것인가….
B선생님	이번 차시가 모둠 활동에 중점을 두었기 때문에, 이 시간에 배운 것을 개별로 설명하는 글을 쓸 때 활용한다면 좋을 것입니다.
C선생님	음, 어렵네요. 어린이들의 마음을 고려한다면 설명하는 글도 깊게 될 것 같은데.
B선생님	하지만 앞으로 설명문 지도를 매우 중요하게 여기게 될 것 같아요.

그래요, T양에게는 좋아하는 것이 있네요.

짧게 정리하면 이렇게 되나요.

어린이들의 '배움판', 멋지네요.

최종 라운드	전체 토론	최종 라운드의 모습

최종 라운드의 주요 화제는 ① '배움판'(전교 활용), ② 본 단원의 실천 과제, ③ 본교의 연구 키워드인 '그 교과다운 수업'으로 연계되는 '설명문으로 무엇을 배울 것인가'이다.

실천 과제의 해결을 위해 설명문을 쓰는 목적이 명확해서 학생들의 의욕이 높았던 만큼 그것을 어떻게 활용해서 설명하는 글쓰기 힘을 육성할 것인가가 화제가 되었다. 그리고 설명문이라는 제재를 통해 국어과의 '보는 방법·생각하는 방법'은 무엇인가를 실천 수준에서 규명한다는 과제도 해명되었다.

A그룹

우선, 매력은 모두가 학습에 참가하고 있다는 사실인데, 여하튼 '배움판'에 자신의 생각 쓰기에 참여했다는 점입니다. 그런데 '배움판'의 사용 방법은 과제가 되었습니다. 자유도가 높은 반면, '배움판'을 활용할 때 교사가 구체적으로 어떤 지원을 하면 좋을까라는 점입니다.

또 하나의 과제는 목표를 향하는 과정입니다. 이번에는 계획서를 만든다는 목표가 설정되어 있었지만 그것을 향해 배워 가는 과정이 그대로 개인의 설명문이 되고, 책 만들기에 활용되도록 되어 있지만 학습이 그처럼 진행되었는가는, 다음에 각 개인이 설명문을 쓸 시점에 검증해 보면 좋겠다고 생각합니다.

매력으로 들 수 있는 것은 실천 과제입니다. E양은 인터넷 등을 사용하여 자발적으로 조사하고, 그것을 노트에 정리해 와서 오늘 수업에 임했습니다. 모르는 단어의 뜻도 조사해 왔습니다. 아동의 마음을 끌었던 것은 실천 과제였다고 생각합니다. 다른 하나는 '배움판'을 활용한 학습이라서 연결하거나 관계없는 것을 지우는 등 4학년 학생들이 그 사용 방법에 익숙했습니다. 3학년 때부터 배워 왔기 때문이라고 여겨집니다.

과제는 수업에 활용한 학습 이력, 특히 오늘 수업에서는 학습한 결과를 정리한 것을 게시했다면 잘 활용되지 않았을까 생각합니다. 또 하나는, 전하고 싶은 것을 명확히 하는 것입니다. '이런 것을 전하기 때문에 이 질문'이라는 것이 아직 애매하다는 느낌입니다. 그래서 배운 것을 학습 이력으로 확실히 활용한다면 좋겠다고 생각했습니다.

라운드 E		되돌아보기	

평가 준거

	과제 탐구 1-1 [내용 1]	과제 탐구 1-2 [내용 2]	의사소통	과제 탐구 3 [방법]
5	'배움판'을 활용한 '그 교과다운' 수업 만들기에 대해 많은 것을 배울 수 있었다.	수업 만들기에 많은 배움이 되었고, 내일부터의 교육 활동이나 학습을 진행함에 매우 좋은 배움의 장이 되었다.	대화나 의논이 매우 재미있었다.	라운드 스터디는 제안된 수업을 통한 배움을 깊게 하기에 크게 도움이 되었다.
4	'배움판'을 활용한 '그 교과다운' 수업 만들기에 대해 몇 개를 배울 수 있었다.	몇 개의 자극을 받아서, 내일부터의 교육 활동이나 학습을 진행함에 좋은 배움의 장이 되었다.	대화나 의논이 대체로 재미있었다.	라운드 스터디는 제안된 수업을 통한 배움을 깊게 하기에 대체로 도움이 되었다.
3	'배움판'을 활용한 '그 교과다운' 수업 만들기에 대해 생각할 계기가 되었다.	내일부터의 교육 활동이나 학습을 진행함에 배움의 장이 되었다.	대화나 의논이 재미있었다.	라운드 스터디는 제안된 수업을 통한 배움을 깊게 하기에 도움이 되었다.
2	'배움판'을 활용한 '그 교과다운' 수업 만들기나 학습 전개 방법에 대해 별로 이해할 수 없었다.	새로운 배움이 별로 없었다.	대화나 의논이 별로 재미없었다.	라운드 스터디는 제안된 수업을 통한 배움을 깊게 하기에 별로 도움이 되지 못했다.
1	'배움판'을 활용한 '그 교과다운' 수업 만들기나 학습 전개 방법에 대해 이해할 수 없었다.	새로운 배움이 거의 없었다.	대화나 의논이 전혀 재미없었다.	라운드 스터디는 제안된 수업을 통한 배움을 깊게 하기에 도움이 되지 못했다.
	4.2(46p/55p)	4.2(46p/55p)	4.2(46p/55p)	4.3(47p/55p)

A선생님	'배움판'을 활용한 대화는 지식을 얻는 데만 그치지 않고, 대화나 논의를 즐기는 장이 될 수도 있다고 느낀다. 수업에서도 어린이들이 자신의 생각을 쉽게 말할 수 있는 환경이 중요한데, 그 한 가지 방법으로 더 대화하고 싶다는 마음을 촉발한 것은 실천 과제(친근한 생물 도감 만들기)였다고 생각한다.
B선생님	'배움판'을 활용하는 것을 보니, 어린이들이 서로 이야기하는 모습이 쉽게 이해되었다. 라운드 스터디는 다양한 의견을 알 수가 있고, 또 자신도 참여할 수 있어서 좋았다. 어떤 말이 잘 떠오르지 않았을 때는 다른 선생님이 정리해 주거나 연결해 주었기 때문에 공부가 되었다.
C선생님	'배움판'을 활용한 수업 만들기에 대해 많은 공부가 되었습니다. 게다가 즐겁게 배우기까지 했습니다. 이런 교내 연수는 좋습니다. 하지만 국어과라는 시점이 불충분한 느낌입니다. 목표에 도달했는지, 목표 달성을 위해 '배움판'이 유용했는지, 발문은 도움은 되었는지, 목표 달성을 위한 지금까지의 학습은 충분했는지…. 이번에는 '배움판'의 유용성이 대화의 중심이 되었습니다. 그것도 중요하지만 국어 선생님도 계셨기 때문에 아쉬운 느낌이 들었습니다.

　'배움판'을 활용하면서 서로 이야기하는 어린이들의 다양한 모습을, 각각의 선생님들이 거론하여, 매 라운드마다 대화가 활발했다. 수업은 모둠별 활동이 중심이었기 때문에 한 사람도 제외시키지 않는 어린이들의 모습에 대해 이야기를 나눌 수 있었다. 대화를 통해 모둠 내에서 어떤 일이 일어났는지 대체로 밝혀졌다. 구체적인 어린이의 모습을 통해 설명문 수업의 방향에 대해 생각할 수 있어서 뜻깊은 연수였다.

　한편으로는, 본교 연구의 기둥인 '그 교과다운 수업'이라는 관점에서 앞으로 요구되는 설명문의 학습 방향에 대해서도 한 발 더 들어갔다면 더욱 좋았을 것이다.

총합과	초등학교 6학년	아이치현 다하라 시립 아카바네(赤羽根) 초등학교
연구수업 주제	진지하게 실천하는 어린이를 육성하는 수업에 대해 터놓고 이야기하자!	

연수의 목적

본교에서는 '진지하게 실천하는 어린이 육성'을 연구 주제로, 생활과와 총합과를 중심으로 연구해 왔다. 본시에서는 연세 드신 분과의 교류 활동을 통해 '할 수 있는 일'에 대해, 화이트보드에 자신의 생각을 쓴 붙임쪽지를 붙이면서 의견을 나눈다. 그 수업을 참관하고, 어린이들의 진지한 모습은 어떤 모습인가, 그리고 그런 모습을 구현하기 위해 어떤 방법을 강구해야 하는지를 교사들의 대화를 통해 밝혀 나간다.

수업 개요
(전 26차시)

단원명	'아카바네 스마일' 프로젝트 -마을 사람에게 미소를 보내자!
단원 목표	▶ 마을 사람에게 미소를 보이자는 마음을 갖고, 연세 드신 분과의 교류·대화 활동에 적극적으로 참여할 수 있다. ▶ 조사하거나 체험하면서 얻은 정보를 정리하고, 논리적으로 비교·분석하여 자신의 생각을 효과적으로 표현한다. ▶ 조사한 것이 전해지도록 단락의 상호관계를 의식해서 설명문을 쓸 수 있다.

본시의 전개	1. 본시의 목표와 평가기준을 공유한다. (5분) 2. 함께하고 싶은 연세 드신 분과의 활동 내용을 붙임 쪽지에 쓴다. (5분) 3. 그룹별로 의견을 교환하고, '할 수 있을 것 같은 일'에 대해 대화한다. (24분) *라운드 스터디 형식의 대화 4. 전교 교류 활동을 통해 나온 의견을 정리한다. (8분) 5. 본시의 학습을 되돌아본다. (3분)
아동의 모습	▶ 진지하고 성실한 어린이들이다. 지금까지의 체험 활동을 통해 느끼고 생각한 것을 전하려는 자세는 육성되었지만, 아직 자신의 생각에 자신감이나 적 극성이 부족한 장면도 때때로 보인다. ▶ 모두가 함께 결정한 것에 대해 협력해서 실천할 수 있다. ⬇ 나아가⋯ ▶ 한 사람 한 사람의 어린이가 자신의 의견을 확실 히 전달할 수 있는 장면을 소중히 한다. 이를 위해 어린이들이 진지하게 노력할 수 있는 과제 설정이 나 배움의 장을 설정한다. 몸으로 배운 학습 방법 과 배움을 향한 힘을 다른 교과에서도 활용 가능 하도록 자신의 의견을 전하는 것의 소중함과 그것 을 활용하는 기쁨을 실감하도록 하고 싶다.
본시의 모습 (성과와 과제)	각각의 어린이가 시설 방문이나 근처의 연세 드신 분과의 교류 경험을 토대로 자신의 견해를 갖고 있어 서 의견 교환이 매우 활발하였다. 수업자의 의도인, '가능하지 않을 것 같은 것도 궁리하면 가능해진다'는 깊은 생각도 각 그룹에서 관찰되었다. 라운드 스터디 형식의 대화에도 어린이들은 꽤 익숙 해서, 자리 교대를 통해 많은 의견을 접하게 되어, 자 신의 생각을 깊게 해 나가는 모습을 보였다.

라운드 1	대화	긍정적 사고방식으로의 전환을 어떻게 시도할까?

담임과의 교류, 잠깐 동안의 워밍업 게임 후, 웃음으로 수업이 시작되었다.	붙임종이를 정리하여 화이트보드에 붙이면서 글을 써넣는다.

라운드 1에서는 화이트보드를 둘러싼 대화의 방법이 유효해서 매우 적극적인 대화가 이루어진 점이 거론되었다. 어린이들의 대화 중에 나온 긍정적인 생각을 어떻게 넓히고, 살려 나갈 것인가로 화제가 발전했다.

A선생님	어린이들의 라운드 스터디는 한 그룹당 6인이어서 모두 이야기할 수 있을까라고 생각했지만, 의자 배치랑 화이트보드의 위치를 궁리해 놓은 점이 좋았고, 모두가 화기애애한 가운데 이야기할 수 있어서 좋았어요.
B선생님	그룹 대화는 매우 힘들어하지 않을까 생각했는데, 화이트보드를 통한 대화, 예를 들면, Y양이나 S양의 경우 평소에는 별로 활발하게 활동하지 않았는데, 적극적으로 대화 속으로 들어와, 대화의 중심이 될 정도로 활약했습니다. 화이트보드는 어린이를 정말로 진지하게 만드는 하나의 도구인 것 같습니다.
A선생님	M군이 저렇게 말할 줄은….

C선생님	그렇네요. T군도 말하고 있었지요.
D선생님	이런 형식이 이 친구들에게는….

이후 어린이들 대화의 구체적인 내용으로 화제가 옮겨 간다.

D선생님	연세 드신 분들과 더 많은 활동이 가능하지 않을까요?
C선생님	그렇습니다. U군은 "실뜨기는 연세 드신 분이 더 잘하지?"라고 말했어요.
D선생님	그렇습니다. '옛날 놀이는 알고 계시지요' 또는 '글도 잘 쓰고'라고 말한 어린이도 있었지요.
C선생님	그 점, 좀 더 확산했으면 좋았겠네요. 적극적으로 받아들여서….
D선생님	가르쳐 드리기보다는 배운다고 생각했다면 좋았을 것 같아요.
C선생님	WIN-WIN. 서로 배운다면 WIN-WIN. (웃음)
D선생님	그것을 어디에 넣을까가 핵심이네요.

어린이들의 관계가 친밀하네요.

여기에 T군이 등장합니다.

대화의 중심이 확실히 서 있네요.

| 라운드 2 | 대화 | 의욕은 풍부한 체험으로 이어진다 |

화이트보드를 활용한 남자 어린이의
설명에 몰입하는 어린이들

어느 어린이나 쓰고 싶은 것이 많다.

라운드 2에서는 다양한 의견이 나왔고, 어린이들이 연세 드신 분들에 대해 어떤 이미지를 갖고 있는지에 대한 화제가 진행된다.

B선생님	연세 드신 분에 대해 말로만 이해하고 있는 어린이도 있습니다.
D선생님	방문을 한 번 하기는 했지만, 아직 제대로 이해하지 못하겠지요.
C선생님	그때 만난 분의 이미지로 모든 연세 많은 분을 이해하는 것 같아요.
B선생님	근처에 계시지 않으면 어렵겠지요. 그렇기 때문에 고정된 이미지를 바꾸어 나가는 노력이 필요하지요.
D선생님	수예도 60대는 가능하지만, 80대에게는 무리입니다.
A선생님	그렇기 때문에, 연세 드신 분들의 시선으로 바라보는 것이 중요하고, 마음의 연결이 앞으로는 더욱더 필요하게 되겠지요.

B선생님	역시 체험하지 않으면 모르겠지요.
C선생님	그런 의미에서 어린이들은 지금부터 정말로 중요한 체험을 하는 것이지요.
B선생님	지금은 경험이 부족해도 어쩔 수 없네요. 이 어린이들 정도라면 부딪쳐 나가면서 정말로 많은 것을 알아차릴 것이라고 생각해요.
A선생님	그때를 위해서도 오늘의 대화는 소중하네요. 오늘의 진지함이 실제 체험으로 연결되어 갈 것이라고 생각해요.
C선생님	자신의 사고방식이 너무 안이해서 깜짝 놀라는 어린이도 있을지 모르겠네요.
B선생님	그럼, 그럼요. 그것 자체가 소중한 공부.
C선생님	이미지가 확 바뀌겠네.
B선생님	그런 어린이들도 연세 드신 분들이 따뜻하게 맞아 줄 것입니다. 역시 배우는 쪽은 어린이들입니다.

다음 교류에의 기대는 점점 부풀어 갔다. 그 후 라운드 3의 중심 활동인 성과 및 과제를 발표용지에 정리한다.

이미지를 바꾸는 계기가 필요

실제로 체험하지 않으면 이해하기 어렵지요.

자신의 이해 방식의 유약함에 깜짝 놀라는 아이도 있을지도

라운드 3	대화	자신들이 정한 평가기준을 수업 도중에 되돌아보는 계기가 필요

학급 전체 대화에서는 분위기가 이전 활동과는
달리, 조용하고 깊은 눈빛으로 바뀐다.

설명을 경청하는 어린이들

이전 라운드에서 각각의 어린이가 활약한 것을 먼저 소개했다.

E선생님	저렇게 앞에 나와서 붙임종이를 붙이거나 의견을 쓰는 것이 가능한 어린이라고는 생각하지 못했어요. 제가 보지 못했던 부분을 이 수업을 통해 많이 볼 수 있어서, 정말 대단한 성과였으며, 빈틈없는 지원이었다고 생각합니다.
F선생님	저 아이들이 하는 것을 보면, 방법을 설명하기 위해 그림을 그리며 "이런 것이 아니니?"라고 말했지요.
E선생님	그래, 그래요. 말로는 이미지가 떠오르지 않는 친구를 위해 그것을 그림으로 표현했지요. 교사가 시키지도 않았는데 자신들이 궁리해서 움직이기 시작했어요.
G선생님	화이트보드를 사용한 의미가 대단하네요. "이해할 수 없는 것은 그대로 두어도 좋아요. 나중에 '아, 이거구나!'라고 알아차리는 계기가 될 수 있어요"라고 말하네요. 능숙하게 사용하네요.

만일 학생들끼리 활발하게 대화하고 있는 상황이라면 교사의 적절한 개입 시점은 언제가 좋은지에 대한 화제가 이어진다.

D선생님	학생들이 정한 평가기준은 있지만 실제 상황에 적용하는 것은 쉽지 않을 것 같아요.
F선생님	그렇군요. 전체적으로 하나의 예를 보이면 '아, 그렇구나!'라고 확실히 이해할 것입니다.
G선생님	<mark>어린이가 능동적으로 되기 위해서는 그것을 촉진시키는 사람이 있어야 합니다.</mark> 이것은 여기에(콕 짚어 알려주기 위해)라고 대화를 멈추게 하는 용기, 연세 드신 분들의 모습을 긍정적으로 받아들이도록 하는 것도 촉진이 필요하지요. 이미지가 가능하다면 아이디어는 펑펑 나올 겁니다.
F선생님	이미지를 조금이라도 떠올린다면, 친구의 의견에 "앗"이라고 놀라며 "자, 할 수 있어!"라고 말할 것입니다. 극적인 변화가 재미있네요.
E선생님	기준이 필요합니다. '보통'과 '잘함'을 구분하는 기준이. 그런 이미지를 어린이가 가질 수 있도록.
D선생님	그래서 처음부터 '잘함'을 어떻게 정할 것인지를 확실히 할 필요가 있지요. 그것을 이해하지 못하는 경우에는, 대화를 멈추게 하고 설명하는 것도 좋다고 생각합니다.

게이트볼의 대화에는 교사의 지원이 필요하겠네요.

성과로 들 수 있는 것은 이것이 아닐까요.

최종 라운드	전체 토론	최종 라운드의 모습

최종 라운드에서는 '진지하게 실천하는 어린이를 육성하는 수업 만들기' 관점에서 본시의 성과와 과제를 각 그룹별로 발표했다. 발표된 내용을 정리하여, 모두가 공유하여 실천해야 할 것과 내일부터의 수업에 활용할 것, 어린이들의 진정성을 이끌어 내기 위해서는 어떤 촉구를 해야 하는지에 대해 논의했다.

화이트보드를 활용한 학습 환경 만들기, 다른 교과에서의 라운드 스터디 활용에 대한 것도 논의되었다. 종래에도 생각을 돕는 도구를 학급에서 많이 사용해 왔지만, 이번 수업연구를 통해 유연한 활용의 중요성을 확인하였다.

A그룹

좋았던 점은 평소의 화이트보드 활용의 모습을 이번 수업에서 제대로 확인했던 점입니다. 화이트보드 활용 시, 붙임종이를 그대로 붙이지 않고 때로는 그림을 그리기도 하고, 붙임종이를 옮겨서 관련된 곳에 나란히 붙이기도 했습니다. 이런 어린이들의 모습을 보면, 화이트보드와 같이 생각을 돕는 수단은 어린이들의 진지함을 이끌어 내는 방법이라고 생각합니다.

또 하나는 A그룹, B그룹 모두 해당되지만, 라운드 스터디가 감정적 거리를 좁혀 준다는 것입니다. 보통의 활동에서는 A군, B군, C군 등은 대체로 소극적인데, 오늘의 모습을 보면 매우 생기발랄한 얼굴로 누구보다도 화이트보드에 가까운 곳에서 붙임종이를 붙이거나 친구들과 대화를 하고 있어서, '아, 대단하네. 이 방법은 어린이들의 적극성을 이끌어 내는구나', '마음의 거리를 가깝게 하는구나!'라고 느꼈습니다.

과제는, **수업 도중에 평가기준을 되돌아볼 필요**가 있다고 느꼈습니다. '나는 이미 잘했다는 동그라미를 받았으니 적당히 해도 되겠지'라고 생각하는 어린이도 있을지 모르기 때문에 수업을 일단 멈추고, '오늘은 잘해야 받을 수 있는 쌍 동그라미를 받아야 한다'는 것을 상기시키면, '아, 할 수 없는 것을 할 수 있도록 하는 것이 중요하구나. 그렇다면 핵심을 간추려 대화해야 할 필요가 있네'라고 어린이들도 생각하지 않았을까. 이렇게 되기 위해서는 교사가 무엇을 요구하는지를 모든 어린이들이 알도록 하는 것이 중요하다고 생각합니다.

성과	과제
라운드 스터디와 사고 도구의 유용성 화이트보드(문자랑 그림을 사용한 시각화) 화이트보드를 다른 교과 등에서도 활용 좌석 배치·빈손으로 말하기 대화하기 쉬운 과제와 목표 명확한 과제 자기 생각의 이유를 말할 수 있는 것 이해하기 쉬운 과제와 평가기준	이미지 공유 연세 많은 분에 대한 고정된 이미지 제안된 게임과 활동 이미지가 제각각임 그룹 학습 후의 전체 모임 방법 장소 설정의 방법과 교사의 질문 전체적으로 대화할 필요성을 학생들이 어느 정도 원하고 있나 목표를 의식한 대화 수업 도중에 평가기준을 되돌아보기

| | 라운드 E | | 되돌아보기 | |

평가 준거

	과제 탐구 [내용]	과제 탐구 1-2 [방법]	탐구·창조적 배움 [개인적 배움]	의사 소통
5	본시의 수업연구회를 통해 '진지하게 실천하는 어린이 육성'의 성과와 과제의 검증이 대단히 잘 되었고, 이후 연구를 진행하기 위한 성과를 얻을 수 있었다.	라운드 스터디 방법은 본시 수업을 관점을 갖고 분석해 나가는 데 크게 유효했다.	진지한 아동의 모습과 그것을 지지하는 교사의 지원에 대해 잘 생각하였으며, 이후의 연구 추진을 위해 매우 좋은 배움의 장이 되었다.	대화나 의논이 매우 재미있었다.
4	본시의 수업연구회를 통하여 '진지하게 실천하는 어린이 육성'의 성과와 과제의 검증이 대체로 되었고, 이후 연구를 진행하기 위한 성과를 대체로 얻을 수 있었다.	라운드 스터디 방법은 본시 수업을 관점을 갖고 분석해 나가는 데 대체로 유효했다.	진지한 아동의 모습과 그것을 지지하는 교사의 지원에 대해 잘 생각하였으며, 이후의 연구 추진을 위해 좋은 배움의 장이 되었다.	대화나 의논이 대체로 재미있었다.
3	본시의 수업연구회를 통해 '진지하게 실천하는 어린이 육성'의 성과와 과제에 대해 생각할 기회가 되었다.	내일부터의 교육 활동이나 학습을 진행함에 배움의 장이 되었다.	진지한 아동의 모습과 그것을 지지하는 교사의 지원에 대해 잘 생각하는 배움의 장이 되었다.	대화나 의논이 재미있었다.
2	본시의 수업연구회를 통해 '진지하게 어린이 육성'의 성과와 과제의 검증이 아직 불충분하고, 이후 연구에 어떻게 연계해야 좋은지 불명확하다.	라운드 스터디 방법은 본시 수업을 관점을 갖고 분석해 나가는 데 별로 도움이 되지 못했다.	진지한 아동의 모습과 그것을 지지하는 교사의 지원이 별로 밝혀지지 않아서 이후의 연구 추진을 위해 별로 활용할 수 없다고 느꼈다.	대화나 의논이 별로 재미없었다.
1	본시의 수업연구회를 통해 '진지하게 실천하는 어린이 육성'의 추진 방법이 더욱더 이해할 수 없게 되었다.	라운드 스터디 방법은 본시 수업을 관점을 갖고 분석해 나가는 데 도움이 되지 못했다.	진지한 아동의 모습과 그것을 지지하는 교사의 지원이 거의 밝혀지지 않아서 이후의 연구 추진을 위해 활용할 수 없다고 느꼈다.	대화나 의논이 크게 재미없었다.
	4.2(38/45p)	4.3(39/45p)	4.2(38/45p)	4.1 (37/45p)

A선생님	화이트보드도 사고 수단의 하나라는 것이 잘 이해되었다. 자유도가 높기 때문에 사용에 익숙해지면 활용의 폭이 넓어진다. 총합 과목에 국한하지 않고 사회과 등에도 활용하고 싶다.
B선생님	다른 선생님들이 학생들의 모습을 제대로 파악하고 있어서 놀랐다. 나 자신은 알아차리지 못한 학생의 모습과 평시의 모습을 들을 수 있어서 좋았다. 라운드 스터디를 하면 위와 같은 미니 정보를 알게 되어 어린이들을 정확하게 파악하게 되고 이들을 이해하는 데 도움이 된다.
C선생님	수업의 흐름에 대해 이해할 수 있는 좋은 수업이라고 생각한다. 오늘 수업과 협의에서, 대화를 통해 확인된 것을 참고로 수업을 진행한다면 좋을 것이다. 각각의 생각을 정리하여 이해를 깊게 하는 방법을 학생들에게도 알려 주고 싶다.

　수업에서의 어린이들 모습처럼, 사후 연구회의 라운드 스터디에서도 선생님들이 정말 열심히 대화했다. 모든 선생님들이 주제를 더욱 심화시켜 나가는 것을 의식하면서 말하는 모습이 인상적이다. 이런 마음을 참가자 모두가 지니고 있었기 때문에, 최종 라운드에서 앞으로의 실천에서 공유해야 할 것을 확인할 수 있었다.

　또, 본시에서 화이트보드를 활용한 대화와 목표 만들기 방법 등은 다른 교과에서도 활용 가능하다는 것을 모두가 인식한 것도 좋았다. 이런 사고방식은 교육과정 재구성에서도 매우 중요한 관점이 될 것이다.

총합과	초등학교 5학년	센다이 시립 기타로쿠반초(北六番丁) 초등학교
연구수업 주제		'관계 맺는 능력'을 발휘하고, 협력하여 노랫말의 핵심어를 결정하도록 하자!

연수의 목적

어린이들이 지금까지 4년간 배워 온 안전학습을 이용하여, '기타로쿠(北六) 소란(방재 버전)'의 노랫말의 핵심어를 만드는 수업의 사후 검토회이다. 어린이들이 '관계 맺는 능력'을 발휘, 협력해서 노랫말의 핵심어를 정할 수 있도록 라운드 스터디 형식으로 학습을 진행한다. 이런 학습 형태가 수업 목표 달성에 효과적이었는지를 검토한다. 각 라운드 6분, 최종 라운드 20분 총 48분으로 실시했다.

수업 개요
(전 11차시)

단원명	'기타로쿠(北六) 소란'을 만들자!
단원 목표	▶ 다양한 재해 대처 방법을 알고, '키타로구 소란'의 가사와 안무를 생각한다. ▶ '기타로쿠 소란' 만들기를 통해 방재의 중요성을 알리는 의식을 갖는다.
본시의 전개	1. 본시의 목표를 확인하고, 전 차시에 자신이 생각했던 '기타로쿠 소란'의 가사 핵심어를 되돌아본다. (5분)

본시의 전개	2. 라운드 스터디 형식의 대화를 통해 가사에 넣을 핵심어를 도출한다. (라운드 1~3, 각 6분, 이동 시간 포함 총 20분) 3. 최종 라운드에서 그룹별로 가사 핵심어의 발표 및 정리를 한다. (15분) 4. 학습을 되돌아본다. (5분)
아동의 모습	▶ 어린이들은 1학년 때부터 방재에 대해 계속 공부를 해 와서 지식·기능·태도로 이루어진 방재대응 능력은 향상되고 있다. ▶ 지역과 연계된 방재 학습을 계속해 왔다. 지역 사람과 함께 '기타로쿠 소란'이라는 춤을 추며, 연대하는 지역 만들기에 참여하고 싶다는 의욕도 높다. ▶ 자신의 생각을 발표하고, 상대의 장점을 활용하며, 스스로 자신을 높여 보다 적극적이 되기를 희망한다. ⇩ 그래서… ▶ 라운드 스터디 학습으로 대화하여 생각을 도출하고, 서로 인정하여 학습의 결과를 모든 학생들이 느끼기를 바란다! ▶ 이미 배운 것으로부터 핵심어를 도출하고 검토하는 힘을 익히기를 원한다! ▶ 관계 맺는 능력과 칭찬하는 능력을 의식해서, 자신을 발견하고 향상시키려는 태도를 갖기를 바란다!
본시의 모습 (성과와 과제)	지금까지 2회의 학급활동에서 라운드 스터디를 체험해 온 학생들은 스스로 그룹을 이동하면서 활발하게 대화에 참여했다. 각 라운드의 시간이 짧아서, 이유 따져 보기, 서로 인정하기, 함께 만들어 내기에는 미흡했지만, 지금까지 배웠던 지식, 사고력, 판단력을 유감 없이 발휘하여 결과를 함께 정리했다. 최종 라운드에서도 정보의 정리에 적극적으로 참여하고, 협동력과 집중력을 발휘하여 결과를 이끌어 낸 점은 성과였다.

라운드 1	대화	친구와의 대화를 통해 정보를 압축하고 정리할 수 있도록!

방재용 가방의 준비는 중요해요.

그림으로 확인해 보자.

라운드 1에서 선생님들은 어린이들을 닮아서 생글거리는 표정으로 토론을 시작했다. 학생들은 수업에서 지금까지의 방재 학습에서 배워 온 것을 활용하여 대화에 활발하게 참여했다.

A선생님	모든 라운드에 학생들이 적극적으로 참여해서 노랫말의 핵심어가 척척 나오는 모습이 좋았어요. 그룹의 이동도 적극적이었지요.
B선생님	작년, 이 어린이들이 4학년 때 담임이었습니다만, '방재훈련을 생각하자!'라는 수업에서 '방재 전화 171'이라는 말이 어린이들로부터 나왔습니다. 오늘 대화에서도 핵심어에 '171'이 나와 반가웠어요.
C선생님	지금까지의 방재 교육의 결과이지요. 라운드 스터디를 통해 많은 사람과 대화할 수 있어서 좋았어요.
B선생님	저도 그렇게 생각합니다. 대화하면 정보량이 늘어나고, 자연히 정보의 수준도 높아지지요.

C선생님	단지, 수업자의 자기평가에서도 나왔지만 자기 의견만 잔뜩 내는 것은 아닌 것 같아요.
D선생님	S아동이 '칭찬하기'는 좋은데 '관계 맺기'는 마이너스라고 말했지요. 저렇게 열심히 참여하는데 '왜'라고 교사가 묻자, "오늘은 깊이 생각하여 친구의 의견을 듣고, 정리했지만…"이라면서, "때문에 '관계 맺기'는 아니고, 오늘은 '정리하기'만 되었다"라고 아동 자신이 말하네요.

D선생님의 발언에 의해 학습 목표와 되돌아보기의 평가항목으로 대화가 이동했다.

B선생님	'관계 맺기'보다는 '생각하기'가 더 좋았네요.
C선생님	'생각하기'에 중점을 두었다면, 아동들의 자기평가도 더 높아지지 않았을까요?
D선생님	목표에 '관계 맺기'와 '압축·정리하기'가 있었지요. '압축·정리하기' 위해서는 생각하지 않으면 안 되기 때문에 '생각하는', 즉 사고력을 주요 목표에 넣었어야 하지요. 대화에서는 많은 핵심어가 나와서, 정보량이 너무 많아 정리하기가 어려웠다고 생각합니다.

핵심어가 많이 나왔네요.

방재 교육의 성과가 있어서 기쁘네요.

자신이 생각한 핵심어를 자꾸자꾸 써넣기.

라운드 2	대화	깊고 꾸준한 대화로 '완성된 작품'을 만들어 내는 라운드 스터디의 가능성

지진과 풍수해 양쪽에 중요한 것은…　　　우리 그룹에서 나온 의견은…

라운드 1에서 거론된 마지막 중심과제인 '정리하기'의 어려움에서부터 대화를 시작했다.

E선생님	대화 시간이 짧아서 '정선된 작품'까지는 이르지 못했네요. 작품을 만들어 내기 위해서, 호스트 아동의 리더십과 매뉴얼에 기본적인 진행 방법 표시 등이 필요해요. 라운드 스터디의 구성상 최초 라운드를 중요하게 생각하는 점도 좋았어요.
D선생님	짧은 대화 시간이지만 꽤 분발하였네요. 함께 공부해 온 공통 인식을 토대로 직감적으로 정리한 느낌입니다. 토론의 '깊이'라는 점에서는 시간이 짧았지요.
F선생님	최종 라운드에 어린이들 그룹에서 여러 가지 핵심어가 나왔는데 교사가 정리해 준 것이 아쉬웠어요. 리더 아동을 중심으로 정리해도 되지 않았을까요. 또, 매직 색깔을 용도별로 구분해서 사용했다면 생각의 정리도 쉬웠을 것입니다.

G선생님	깊게 생각하기는, 우선 제시된 의견에 자기 생각을 갖고, 의문이 드는 곳에 '무슨 의미지?'라고 되물으면 어떨까요.

대화의 중심이 H선생님의 수업에 대한 메모 소개로부터 '무엇을 향해 좁혀 갈 것인가'와 '주제 설정'을 검토하는 방향으로 진행되어 수업자에게 질문이 던져졌다.

D선생님	H선생님이 "'높은 곳으로 피해라'라는 말보다, 우리 지역에서는 '동조궁 언덕으로 피해라'라고 해야 하지 않을까?"라고 질문한 것처럼 '지역 밀착형 노랫말'이 좋은가, 아니면 '일반형 노랫말'이 좋은가라는 두 시점이 있습니다. 수업자인 I선생님 생각은?
I선생님	글쎄요. 지역 밀착형 가사로 한다면, 재해의 종류에 따라서 표현이 달라지지 않을까요. 그래서 표현을 검토할 필요가 있기 때문에, 어린이들이 하나하나 정성껏 판단해 가면서 만들어 갔으면 좋겠다고 생각합니다.

수업에서의 각 라운드는 다양한 핵심어를 만들어 내는 과정이고, 최종 라운드는 핵심어를 포함한 노랫말의 초안을 만드는 단계임을 재확인했다.

라운드 1에서 나온 핵심어와 관련지어 쓰기

매직의 색을 용도별로 구분했다면 좋았을걸.

도망가는 것이 사는 길

라운드 3	대화	라운드 2 종료 시에 보인 어린이들의 일체감과 연대의 향상은 대단했다!

역시 가족 방재회의는 중요해.	선택한 핵심어를 분담하여 발표용지에 쓰기

되돌아온 팀원들은 라운드 2까지 모조지에 쓰인 멋진 메모를 보고 감탄의 목소리를 올렸다. 모든 그룹에서 '활발한 의견이 나온 점'이 인정되었고, '압축하여 정리하기'가 논점이 되었다는 것을 이야기했다. 이어서 성과와 과제를 발표용지에 정리하는 작업을 했다.

D선생님	교사의 지시가 없어도 어린이들이 잘 움직였네요.
B선생님	의견 발표가 활발한 것은 1학년부터의 교육이 토대가 되었기 때문이라고 생각합니다. '도망가는 것이 살길이다'는 말도 나왔지요.
C선생님	의견의 내용이 대단했어요. 방재라는 말만으로 5학년 학생이 저렇게 잘 쓰네요. 하루아침에 된 것이 아니지요. '서로 돕기', '인사'라는 핵심어도 좋았어요.
D선생님	시간은 걸렸지만, 직감으로 필요한 카드를 골랐지요.
C선생님	전체 정리에서도 어린들이 일제히 발표용지를 보고, 선생님의 정리 방법에 의견을 제시했지요. 정리할 항목에도 제대로 알아차리고 주목하여, "하나 더 있습니다"라며 의견을 말했습니다. 그때, '멋지네! 학급 전체가 생각하고 있다'는 생각이 들었습니다.

B선생님	지금까지의 라운드에서 대화한 것을 활용한 결과이지요.

어린이들의 각 라운드는 6분이었다. 지금까지의 학습으로 어린이들은 핵심어의 배경지식이 되는 개념, 이미지, 체험, 상호관계, 장르 구분 등을 어느 정도 획득했다. 단시간이지만 다양한 친구들과의 의견 교환이나 상호 인정, 가치 부여를 해서 농축된 활동이 이루어졌음을 생생하게 느낄 수 있었다. 특히 라운드 2가 끝난 후의 어린이들의 일체감과 연대의식의 향상은 대단했다.

A선생님	수업 시간이 두 시간이었다면 어린이들이 사회를 보고 정리해도 가능했을 것입니다.
C선생님	오늘의 목표대로 '관계 맺기'는 대부분의 어린이가 A학점입니다.
D선생님	'생각하기'도 된 것 같아요. 자신을 깊게 되돌아보았어요.
C선생님	'관계 맺기' 외에도 많은 것이 성취되었지요. 평가항목을 골라서 평가하지 않고, 모든 항목을 평가해도 전부 좋은 결과가 나왔을 것 같아요.

학생들이 제대로 활동했네요.

하나 더 있습니다!

학급 의견 전체를 생각하고 있다.

| 최종 라운드 | 전체 토론 | 최종 라운드의 모습 |

4개의 그룹이 본시 수업의 성과와 과제를 발표했다. 성과는 ① 방재 교육의 축적이 이번 수업에서도 발휘된 점, ② 교사의 지시가 없어도 적극적으로 움직여 활발한 대화가 이루어진 점, ③ 자리 이동을 통해 대화가 활성화되어 핵심어가 증가한 점, ④ 어린이들이 자신을 잘 파악해서 자기평가를 한 점으로 정리되었다.

과제는 ① 호스트 역할에 대한 지도 및 이야기하는 방법의 지도, ② 대화의 주제와 방향성, 그리고 노랫말의 완성 모습을 명확하게 하는 것, ③ 시간을 연장하여 깊이 있는 배움이 되도록 하는 것이다. 다음 학습에서는 ③을 목표로 수업이 전개되기를 기대한다.

A그룹

지금까지의 학습이 정착되어 자연스럽게 학생들로부터 노랫말이 나온 것이 대단했다고 생각합니다. 적극적으로 모조지에 의견을 쓰는 모습, 의견이 확산되는 것을 볼 수 있었습니다. 모든 그룹에서 좋은 분위기 속에 쉽게 이야기를 나누며, 최선을 다해 대화한 점이 좋았습니다. 또 라운드 1에서 의견을 많이 내고, 그것을 서로 깊이 확인하는 등 그룹이 공통 이해를 확실히 하여, 다음 라운드로 진행하는 것이 중요하다는 것도 알았습니다.

그룹별로 펜의 색을 바꾸어 쓰면 굳이 말하지 않더라도 자신들의 의견이 인정되었는지, 같은 생각을 했는지 등에 대해 알아차리는 점이 많을 것입니다. 이 정도의 대화가 가능하기 때문에 최종 라운드의 정리를 어린이들에게 일임해도 되었을 것 같습니다.

 어린이들이 교사의 지시가 없어도 연속적으로 움직인 점이 좋았습니다. 마지막 정리 시에, 선생님의 이야기에 연이어 의견을 내어 자신들의 핵심어를 좁혔습니다. 칠판의 발표용지를 잘 보며 수업에 집중했습니다. 1학년부터 4학년 때까지의 방재 교육의 성과가 활용되었습니다.

 과제로는, 학급활동에서는 라운드 스터디를 2번 했지만 총합 과목에서는 처음이었으므로 호스트의 역할에 대한 지도가 좀 더 필요하다고 생각합니다. 이야기 진행 방법이나 받아들이는 방법, 정리하는 방법 등이 중요합니다. 마지막 자기평가에서는 어린이들이 한 시간 동안 공부를 어떻게 했는지 스스로를 되돌아보기가 되었습니다. 어린이가 다양한 관점에서 자신을 바라보는 자기평가 항목에 대한 검토도 필요하다고 생각합니다.

라운드 E	되돌아보기

평가 준거

	오늘의 검토회(라운드 스터디 스타일)를 통해		
	라운드 스터디 방법은 수업협의회로서 어느 정도 유효합니까?	선생님 개인의 배움은 어떠하였습니까?	선생님 간의 대화는 어떠하였습니까?
5	매우 유효	여러 가지 자극을 받아, 내일부터의 교육 활동이나 학습 진행에 매우 좋은 배움의 장이 되었다.	대화나 논의를 크게 즐길 수 있었다.
4	대체로 유효	여러 가지 자극을 받아, 내일부터의 교육 활동이나 학습 진행에 좋은 배움의 장이 되었다.	대화나 논의를 대체로 즐길 수 있었다.
3	유효한 면이 있다.	내일부터의 교육 활동이나 학습 진행에 배움의 장이 되었다.	대화나 논의를 즐길 수 있었다.
2	별로 도움이 되지 않는다.	새로운 배움은 별로 없었다.	대화나 논의를 별로 즐길 수 없었다.
1	전혀 도움이 되지 않는다.	새로운 배움은 전혀 없었다.	대화나 논의를 거의 즐길 수 없었다.
	3.8(57/75p)	3.7(56/75p)	4.4(66/75p)

A선생님	짧은 시간 협의회를 진행했지만 라운드 스터디 형식이기 때문에 많은 관점이 나왔고, 그것을 토대로 깊이 있는 대화가 가능했습니다. 많은 사람의 의견을 듣고 자신의 생각을 깊게 했기 때문에 연구에 대한 관심이 높아졌다고 생각합니다.
B선생님	새로운 방법이라 의욕적으로 협의회에 참가할 수 있었습니다. 다른 그룹의 생각도 알 수 있고, 그것을 바탕으로 다시 대화가 이어지기 때문에 이해가 깊어졌습니다. 앞으로 학년별로 액티브 러닝을 실시하는 주요 과목과 단원을 정해서, 계통적인 교육과정 편성을 하는 연구 방법으로도 좋다고 생각합니다.
C선생님	수업에서 어린이들의 라운드 스터디도 수업협의회의 교사의 라운드 스터디도 시간이 짧았지만, 참가자 전원이 집중하여 대화에 참여했습니다. 때문에 머리를 풀가동했습니다. 지도안을 확대하여 붙임종이를 붙이는 방법도 좋지만, 라운드 스터디는 토론의 초점에 직결된 대화가 가능하여 깔끔하게 정리할 수 있다고 느꼈습니다.

　이번에는 수업과 교사들의 수업협의회 모두를 라운드 스터디라는 형식을 처음 도입하여 실시했다. 짧은 시간의 라운드 스터디지만 목표와 학생(및 교사)의 학습 리듬에 따라 단시간에 집중해 정보를 많이 도출하여 정리할 수 있었다. 특히 회의나 연수 시간을 길게 잡을 수 없는 학교에서는, 이번 협의회에서 라운드 0을 빼면 48분으로 진행할 수 있었기 때문에 참고하면 좋을 것 같다. 물론 충분히 검토하는 긴 시간의 라운드 스터디가 기본이지만.

　라운드 스터디는 단시간으로 실시해도 참가자의 생각을 전원이 공유할 수 있고, 교류가 풍부하게 되어 참가자의 지성이 농축되는 효과적인 토론 방법이다. "오늘 굉장히 머리를 써서 생각했어요", "아, 정말로 제대로 이야기했다"라고 야무진 성취감을 이야기하는 어린이들과, "의사소통은 확실하네요", "매우 잘 듣고 머리를 썼다"라며 상기된 얼굴로 상냥하게 말하는 선생님들이 인상적이었다.

사회과	중학교 3학년	효고현 오노 시립 가와이(河合) 중학교
연구수업 주제		미래를 여는, 협동적이며 탐구적인 배움을 창조하자!

연수의 목적

본교에서는 초등학교와 중학교가 연계된 배움을 구축해 가기 위해 '함께 만들기(共創)'라는 주제를 상정했다. 이것은 협동적이며 탐구적인 배움을 육성하는 수업을 실천하면서, 교과의 본질에 접근하는 것이다. 구체적으로는 전날 히로시마를 방문한 오바마 대통령의 연설인 '왜 우리는 이곳 히로시마에 오는 것일까'라는 말에서, 과거의 전쟁에서 무엇을 배우고, 그것을 국제평화에 어떻게 연결해 나가야 하는지를 개인 생각과 그룹 토의를 통해 진행한다.

수업 개요 (전 9차시)

단원명	제2차 세계대전과 일본
단원 목표	▶ 제2차 세계대전 종결까지의 일본 정치, 외교의 움직임과 국제관계, 국민 생활에 관심을 갖고, 의욕적으로 탐구하려고 한다.(관심·의욕·태도) ▶ 제2차 세계대전이 일어난 원인과 일본이 전쟁을 결정한 배경을, 당시의 국제정세를 포함하여 다면적·다의적으로 고찰하고, 표현한다.(사고·판단·표현)

단원 목표	▸ 제2차 세계대전 전후 세계의 움직임에 관한 다양한 자료를 수집하여, 유용한 정보를 적절하게 취사선택하여 정리한다.(기능) ▸ 제2차 세계대전의 개시부터 종결까지의 경과와 전쟁이 인류 전체에 참화를 끼친 것을 이해한다.(지식·이해)
본시의 전개	1. 전쟁 종결까지 어떤 것이 일어났는지를 배운 전차시까지의 학습을 되돌아보고, 본시의 과제를 확인한다. 2. 혼자서 생각하기 〈과제〉 '왜 우리는 이곳 히로시마에 오는 것일까'에 응답하자. 3. 짝 활동으로 서로 의견을 내고 대화한다.(화이트보드 활용) 4. 모둠 토론과 학급 토론을 통해 본시의 목표에 도달한다. 5. 수업을 되돌아본다.
아동의 모습	▸ 평소에 차분한 수업 분위기인 학급이다. 그중에는 활발하게 발언하는 학생도 있고, 듣기만 하는 학생도 있다. ⬇ 그래서… ▸ 활동지와 화이트보드를 활용하여 서로의 생각을 깊게 하고 싶다. ▸ 오키나와 전투나 원폭 투하 등 하나의 개별적인 사실은 이해하고 있지만, 다양한 각도로 살펴볼 수 있기를 희망한다.

본시의 모습 **(성과와 과제)**	서로 이야기하는 시간을 확실하게 확보할 수 있었기 때문에 다양한 생각이 나오고, 목표에 접근한 발언도 있었다. 한편 역사적 사실에서 벗어나 감정적으로 의견을 말하는 장면이 좀 아쉬웠고, 사회적 평화를 생각한 이유와 근거를 들어 설명할 수 있었으면 좋았을 것 같았다. 대체로 '함께 만드는' 배움을 소중히 하고 싶다는 수업자의 의도가 구현된 수업이었다.

라운드 1	대화	학생의 의견 교환에서 사회과 수업의 재미를 실감

짝과의 의견 교환부터 시작했다.

색을 달리하면 보이는 것이 있다.

라운드 1에서는 본시의 수업을 참관한 각 선생님이 알아차린 것과 느낌을 진솔하게 교류했다. 시기에 맞는 화제를 기반으로 학생들이 다양한 생각을 갖고, 짝 활동이나 모둠 활동이 활발하게 이루어져 좋았다. 또, 평화라는 큰 주제를 상정함으로써 역사를 배우는 의미를 생각할 수 있었다는 발언이 많았다.

A선생님	시기에 맞는 화제라서 학생의 학습 의욕이 느껴집니다.
B선생님	흥미 있는 내용이기 때문에 학생들의 솔직한 생각을 들을 수 있었지요.
C선생님	사회과 수업으로서 소중한 시간었다고 생각합니다.

이때, 어떤 선생님이 "사회과 수업에서 중요하게 생각해야 할 것은 무엇일까요?"라는 질문을 했다.

B선생님	사실을 토대로 깊게 사고하는 것이라고 생각합니다.

A선생님	이번에 오바마 대통령이 일본을 찾아왔지요.
C선생님	히로시마를 방문하는 것도 의미 있다고 생각합니다.
D선생님	학생들 사이에서도 오바마의 방문은 역사적으로도 매우 가치가 있다는 의견이 있었습니다.
C선생님	그것은 매우 좋은 의견이었습니다. 역사적이라는 말을 더 구체적으로 생각하게 했어도 좋았을 것 같아요.
D선생님	그것은 수업자의 본시 목표와 관계가 되는 점입니다. 되돌리는 발문을 적절하게 사용함으로써 수업 전체의 사고를 깊게 하지요.

먼저, 수업자가 평소에 학생들이 자신의 의견을 당당하게 말할 수 있는 수업 만들기를 해 왔기 때문에 깊이 있는 의견이 나왔다. 한편 사회과 수업에서는 무엇이 중요한지가 화제가 되었다.

되돌리기 발문도
적절하게 쓰고 싶습니다.

많은 발표가 있었습니다.

자유로운 의견 교환이
이루어졌습니다.

라운드 2	대화	역사를 배우는 것은 미래를 배우는 것

자기 생각을 단계적으로
착실히 찾아 나갔네요.

다양한 역사적 사실을 토대로
발언하는 것도 중요하다.

라운드 2에서는 호스트가 라운드 1에서 나온 의견을 간단히 설명한후, 대화로 들어갔다. 여기에서는 과제와 이후의 방향성에 대한 의견교환이 많았다.

E선생님	지식을 일방적으로 주입하지 않고, 모두 함께 대화하는 학습이 좋았지만, 학생들에게는 좀 더 설명하는 능력이 있었으면 합니다.
F선생님	설명력은 개인차가 큽니다. 학생 자신이 갖고 있는 지식과 정보의 양에 따른 문제라고 생각합니다.
G선생님	그런 점은 영상을 보여 주거나, 구체물을 활용하는 것도 효과적이지 않을까 생각합니다. 사회과의 특성이라고도 생각할 수 있어요….
E선생님	확실히 실제로 히로시마에 갔다 온 다음과 가기 전 학생의 시점과 사고방식에는 다소라도 변화가 있지 않을까요.
F선생님	하지만 개인의 생각이 너무 강하면 좋지 않다고 생각합니다.

H선생님	개인차는 있지만, 다양한 의견을 듣고 평화에 대해 찬찬히 고민하는 학습은 어떤 학생에게도 대단한 의미가 있다고 생각합니다.
G선생님	그렇습니다. 장래를 짊어질 학생들이 앞으로 어떻게 해야 하는지를 생각하게 하는 점에서는 귀중한 수업이라고 생각합니다.
E선생님	역사를 공부할 때 미래로 향한 눈이 중요하다고 생각합니다.
F선생님	Y군이 진주만 공격을 이야기했지요. 다양한 사실을 서로 연계해서 생각하는 것도 사회과의 중요한 학습입니다.
G선생님	그렇습니다. R군은 전후의 일본과 미국의 관계를 몇 개의 사실을 바탕으로 이야기했습니다. 아직도 많은 문제가 남아 있지만, 오바마 방문의 의미를 이야기하는 것을 듣고 나도 모르게 감동을 받았습니다.

학생의 다양성을 짚으면서, 역사를 통해 미래로 향한 눈이 장래를 짊어지고 갈 학생들에게 매우 중요하다는 사회과의 본질에 대한 대화로 발전해 갔다.

미래를 향한 발언이 좋네요.

이 의견에 대해 좀 더 상세히.

손짓, 몸짓. 의논이 뜨거워지다!

일본의 역할에 대해 생각해 보자.　　　　　　나도 같은 생각이야.

원래의 테이블로 돌아온 최초의 팀원들은 다른 테이블에서의 토의를 통해 다양한 의견을 듣고 왔다. 특히, 화제에 오른 것은 본 수업의 주제 발문이 어느 것인가에 대해서였다. 지도안에는 오바마 대통령의 발언인 '우리는 왜 여기 히로시마에 오는 것일까?'에 대한 응답이었지만, 보조 발문인 '사죄를 요구하는 목소리도 있는 것에 대해 어떻게 생각합니까?'가 핵심에 접근한 것은 아닐까라는 점이었다.

B선생님	M군이 사죄라는 점과 관련하여 "폭탄 투하가 전쟁 종결을 앞당겼다"라는 발언을 했습니다. 이것은 잘못된 인식이 분명하지만, 주위의 친구들은 이 발언에 의문을 갖고 있어서, 이후 논의가 더욱 활발해졌습니다. 본교가 지향하는 '함께 만들기'의 모범을 보았다고 생각합니다.
A선생님	N군은 "폭탄 투하를 정당화하지 말아 주세요"라고 절실하게 호소했지요. 지금까지 학습한 것이 있기 때문이겠지요.
C선생님	그렇습니다. 이 발언에 많은 학생이 다양한 자료를 토대로 반론하였습니다.

D선생님	히로시마를 방문한 것 자체가 사죄의 의미가 있다고 한 학생도 있었지요. 그리고 F학생의 발언이 이 수업의 목표에 접근했다고 생각합니다.
호스트	F학생은 국제평화에 대해 발언했지요. 아직 세계는 분쟁 중이라며 일본의 역할에 대해 말했기 때문이겠지요.
B선생님	F학생의 발언으로 수업 분위기가 또 조금 바뀌었다고 생각합니다. 평상시에는 수업 참여에 소극적이었던 U군이 듣기에 참여하였습니다. 이 수업의 성과 중 하나라고 생각합니다.

라운드 3에서는 다시 모인 팀원들의 발언에 깊이가 있었습니다. 라운드 1, 2에서 다양한 관점의 논의가 있었기 때문이 아닐까요. 수업이 부드럽게 진행된 이상으로, 학생들이 의견을 교환해 가는 중에 새로운 발견이나 알아차림이 있었다는 생각을 했습니다.

수업 목표에 접근한 발언을 하고 있네요.

U군은 진지한 태도로 듣고 있었지요.

라운드2에서 다른 관점의 의견을 들었어요.

최종 라운드	전체 토론	최종 라운드의 모습

최종 라운드에서는 6개의 그룹이 11개의 성과와 과제를 보고했다. 성과는 ① 시기에 알맞은 좋은 과제를 설정한 점, ② 학습 분위기가 조성되어 깊이 있는 수업이 진행된 점, ③ 개별 학습, 짝 학습 등 사고를 깊게 하는 학습 형태가 설정된 점, ④ 역사적 사실을 바탕으로 평화를 생각하는 논의가 이루어진 점 등이다.

한편, 과제는 ① 자료 제시의 시점 및 내용, ② 이유나 근거를 명확히 한 발표, ③ 실천 과제와의 연계성 등이다.

어느 것이든 학생들이 적극적으로 발언과 교류를 했기 때문의 성과와 과제라는 의견이 많았다.

A그룹

저희 그룹에서 나온 의견은 온 세계가 주목하고 있는 화제를 수업에 도입하여 학생의 흥미를 끄는 내용이었다는 점, 그래서 대단히 효과가 있었다는 점입니다. 그리고 학생들이 화이트보드를 활용하여 대화함으로써 이견이 시각화되어 생각이 한층 더 깊어졌다고 생각합니다. 또, 지금까지의 학습이나 뉴스 등을 통해 알고 있던 지식을 연결하면서 자신의 언어로 설명할 수 있었던 점이 좋았습니다.

한편, 과제로서는 교과로서의 '사회과'를 고려한다면 '목표 설정이 적합했는가?'입니다. 도덕과 같은 수업이 되면 안 된다고 생각합니다. 역시 교사 자신이 수업의 방향성을 갖고 되돌리는 발문을 준비해 두는 것이 중요하다고 생각합니다.

성과는 주입식 수업이 아닌 모두가 함께한, 대화를 통한 학습이 되어서 학생들의 의욕적인 발언이 많았던 점입니다. 평소의 수업에서 노력한 결과라고 생각합니다.

과제는 생각할 범위가 넓어서 학생들이 갖고 있는 지식이나 정보량도 다르기 때문에 사고의 개인차가 있는 것이 아닌가라는 점입니다.

개선점은, '두 개의 대립하는 의견으로 좁혀서 진행해도 좋지 않았을까?'라는 의견이 있습니다. 또, F학생의 의견은 대단히 중요하고 실천 과제와도 연결되기 때문에 전체가 함께, 깊게 논의해도 재미있을 것 같다고 생각했습니다.

| 되돌아보기

평가 준거

	과제 탐구 [내용]	과제 탐구 [방법]	탐구·창조적 배움 [개인적 배움]	의사 소통
5	본시의 수업연구회를 통해 그룹 활동의 모습이 매우 명확해졌다.	라운드 스터디 방법은 본시 수업을 관점을 갖고 분석해 나가는 데 크게 유효했다.	많은 자극을 받아, 내일부터의 교육 활동이나 학습 진행에 매우 좋은 배움의 장이 되었다.	대화나 의논이 매우 재미있었다.
4	본시의 수업연구회를 통해 그룹 활동의 모습이 대체로 명확해졌다.	라운드 스터디 방법은 본시 수업을 관점을 갖고 분석해 나가는 데 대체로 유효했다.	몇 가지 자극을 받아, 내일부터의 교육 활동이나 학습 진행에 좋은 배움의 장이 되었다.	대화나 의논이 대체로 재미있었다.
3	본시의 수업연구회를 통해 그룹 활동의 모습이 보였다.	라운드 스터디 방법은 본시 수업을 관점을 갖고 분석해 나가는 데 유효했다.	내일부터의 교육 활동이나 학습 진행에 좋은 배움의 장이 되었다.	대화나 의논이 재미있었다.
2	본시의 수업연구회를 통해 그룹 활동의 모습이 아직 불분명하다고 느꼈다.	라운드 스터디 방법은 본시 수업을 관점을 갖고 분석해 나가는 데 별로 도움이 되지 못했다.	새로운 배움이 별로 없었다.	대화나 의논이 별로 재미없었다.
1	본시의 수업연구회를 통해 그룹 활동의 모습을 더욱 이해하지 못하게 되었다.	라운드 스터디 방법은 본시 수업을 관점을 갖고 분석해 나가는 데 도움이 되지 못했다.	새로운 배움이 없었다.	대화나 의논이 매우 재미없었다.
	3.7(95p/130p)	3.9(102p/130p)	4.4(115p/130p)	4.0(104p/130p)

팀원 소감	
A선생님	그룹 활동의 주제를 성과와 과제로 크게 묶었기 때문에 다양한 의견이 쉽게 나와서 좋았습니다. 다른 그룹으로 가서 교류한 후, 처음 그룹으로 되돌아오기 때문에 시점을 좁히거나 새로운 시점을 갖고 오는 점이 라운드 스터디의 장점이라고 생각합니다.
B선생님	라운드 스터디 방법을 통해 일체감이 생긴 점, 자신의 의견이 받아들여진 점, 그리고 그 과정 속에서 생각이 깊어짐으로써 편안함과 소중함을 체감했습니다.
C선생님	테이블을 옮김으로써 전혀 다른 의견을 들을 수 있는 점이 재미있게 느껴졌습니다. 다음 테이블에서도 이전 테이블에서 나온 의견을 알고 있기 때문에 자신의 의견을 확장시키기 쉬웠습니다.
D선생님	보통의 수업협의회에서는 전체가 모인 자리에서 의견을 내는 것은 대단한 용기가 필요하지만, 이 라운드 스터디에서는 의견을 쉽게 내고, 보다 많은 분들의 생각을 들을 수 있어서, 자신의 생각도 깊어집니다.
E선생님	호스트가 각 팀의 대화를 자발적으로 고조시켰다. 초·중등 관계없이 다양한 입장, 경험, 관점으로부터 활발한 의견 교환이 이루어졌다. 적극적으로 발언하는 것도 중요하지만, 적극적으로 들음으로써 자신의 생각을 깊게 하거나 재고하는 것도 탐구의 한 방법이라고 느꼈다.

우리는 라운드 스터디를 처음으로 실시했다. 올해부터 초·중 연계 교육이 본격적으로 시작되었지만, 초·중 교원이 일제히 만나서 합동 연수를 할 때 이런 스타일은 매우 효과적이다. 모조지를 가운데 두고 초·중 각각의 입장에 따라 의견을 내고, 그것을 보충하거나 연결함으로써 논의는 라운드가 거듭될수록 깊어지고, 나아가 새로운 발견도 있었다. 예쁜 꽃이 피는 데에는 물도 비료도 중요하지만 무엇보다도 흙이 아닐까. 앞으로 우리들은 일상의 수업을 통해 풍요로운 흙을 북돋워 가고 싶다.

과학과	중학교 2학년	가가와대학 교육학부 부속 다카마쓰(高松) 중학교
연구수업 주제	과학적 사고력·표현력을 육성하는 지도 방법을 탐구하자! -관찰·실험의 계획과 결과에 이르는 과정을 중심으로-	

연수의 목적

과학의 탐구과정에서 실험 노트를 활용하여 관찰·실험 계획을 세우고, 결과를 표현하는 학생들의 모습에서 과학적인 사고력·표현력을 기르는 지도 방법을 모색한다. 구체적으로는 전압과 전류의 관계를 조사하는 방법을 어떻게 계획할지, 또 분석·해석한 것을 어떻게 공유하여 자신의 생각을 깊게 하는가에 대해 협의함으로써 과학적인 사고력·표현력을 기르는 의미를 함께 나눈다.

수업 개요 (전 14차시)

단원명	전류의 성질과 그 이용-전류의 성질
단원 목표	▸ 전류에 관한 사물과 현상에 관심을 갖고, 의욕적으로 전류 회로에 대해 관찰하고 실험할 수 있다. ▸ 전류에 관한 사물과 현상을 조사하는 실험 방법을 생각하거나, 관찰과 실험 결과를 분석하거나 해석하여 전기회로의 규칙성을 발견하여 자신의 생각을 표현할 수 있다. ▸ 전류에 관한 사물과 현상에 대해 관찰, 실험의 기본 조작을 습득하여 결과를 기록, 정리한 결과물을 발표할 수 있다.

단원 목표	▸ 관찰과 실험 등을 통해 전류에 관한 사물, 현상에 대한 기본적인 개념, 원리, 법칙을 이해할 수 있다.
본시의 전개	1. 전기저항을 확인하고 본시의 과제를 파악한다. (5분) 2. 전압과 전류의 관계를 조사하는 실험을 계획한다. (15분) 3. 각 모둠별로 자신들이 만든 저항기로 실험을 행한다. (15분) 4. 다른 모둠과 실험 결과를 공유한다. (5분) 5. 결과를 충분히 음미하여 과제에 대해 고찰한다. (10분)
아동의 모습	▸ 관찰과 실험에서 얻은 결과를 전혀 의심 없이 받아들여 결론지으려 한다. ▸ 관찰과 실험에서 얻은 결과를 근거로 타인에게 자신의 생각을 설명할 수 있게 되었다. ⬇ 그래서… ▸ 가능한 한 많은 데이터를 얻는 등 결과의 신뢰성과 타당성을 고려한 관찰과 실험을 계획하여 실시하기를 원한다! ▸ 관찰과 실험에서 얻은 결과를 충분히 음미한 후에 결론에 대해 과학적으로 설명할 수 있기를 바란다!
본시의 모습 (성과와 과제)	전 차시까지 저항기로 옴의 법칙이 성립하는 것을 검증했다. 본시는 전시의 실험을 토대로 실험 계획을 세웠지만 계획 수립 활동에 너무 많은 시간이 들었다. 실험에서 얻은 결과에 포함된 오차의 취급이 불분명해서 학생들은 깊이 있는 고찰에는 이르지 못했다. 　한편 실험 노트를 활용하여 설명하거나, 저항의 크기가 길이와 굵기에 관계가 있다는 것을 발견한 학생의 모습을 볼 수 있었던 것은 큰 성과라고 말할 수 있다.

라운드 1	대화	과학적인 사고력을 기르는 기회는 어디에나 있다

이 변수에 주목하면
확인할 수 있지 않을까…

자유롭게 저항을 그릴 수 있는
회로용 마커 펜

본교의 청년연구회(교직 경력 2~4년 교사 대상)에서 옴의 법칙을 검증하는 수업을 진행했다. 학생들의 활동 모습을 바탕으로 그 성과와 과제에 대해 대화했다.

학생들이 계획을 세워 실험하고, 과제를 해결하는 것에 익숙해서인지 '변수나 조건을 고려하여 실험 계획을 세운 점이 멋지다', '학생들이 주체적으로 실험을 했다'라는 소감이 나왔다. 또, 학생의 다양한 아이디어를 모을 수 있도록 구성된 교재의 장점에 대한 의견이 많았다.

A선생님	교사가 설명하지 않아도 과제에 대해 스스로 계획하고 실험하여 고찰로 이어졌네요.
B선생님	저의 수업에서는 변수 등 실험 조건을 의식하지 않았어요. (본시에서는) 익숙해서인지, 학생들은 자연스럽게 조건을 통제하는 점에 주목했습니다.
A선생님	그렇군요. 선생님의 변수에 대한 발문으로 전압을 일정하게 하거나, 저항의 길이를 몇 cm씩 일정한 비율로 변화시키기도 했지요. 변수를 의식하게 하는 것은 중요하지요.

여기서, 화제는 본시의 교재에 대한 매력으로 옮겨 간다. C 선생님의 발언으로 본시의 과제를 밝혀 나가는 논의가 전개된다.

C선생님	회로용 마커 펜은 대단하네요. 학생들이 자유롭게 저항 회로를 그리네요. '모양을 바꾸면 어떻게 될까?'라는 발문에 이 교재는 응답을 해 줍니다.
B선생님	하지만 어떤 모둠은 그런 것을 전선으로 이해했지요. 교재를 저항기로 볼 것인지 아니면 전선으로 볼 것인지를 명확하게 했다면 좋았을 텐데.
C선생님	결과를 발표할 때 길이에 주목한 모둠이 있었어요. 실험 계획을 세울 때 그린 형태를 약간 제한했다면, 학생들도 길이와 굵기에 주목했을지도 모르겠네요.
A선생님	누구라도 저항을 그릴 수 있기 때문에 모두 실험에 참여할 수 있었습니다. 계획을 세워서 실험하는 경험을 반복한다면, 수업의 어떤 장면에서도 과학적으로 생각하는 기회가 되겠지요.

이후, 이 그룹에서는 실험 결과의 오차 취급, 모둠의 차이나 개인차에 대해 어떤 지원을 하면 좋을지에 대한 의견 교환이 있었다.

쓰면서 설명하기는 어렵네요!

변수는 중요합니다.

교재가 매력적이라 학생들이 주체적으로 실험을 했다고 생각해요.

라운드 2	대화	자연의 법칙을 실험 결과와 연계

결과는 즉시 그래프로 나타내고,
알아차린 것도 바로 메모하자.

이 저항이면 전류는
어떻게 흐르고 있는 것일까…

호스트가 라운드 1에서 정리한 내용을 설명한 후, 교재의 매력에 공감하면서, 실험 결과의 신뢰성과 타당성을 높이기 위해 고안된 실험 노트에 대한 의견이 있었다.

D선생님	저항 회로를 직접 학생들이 만든 점이 좋았어요. 저항 회로를 만들 수 있었기 때문에 그 원리나 법칙을 발견할 수 있었지요. 자유로운 발상이 가능해서 새로운 발견으로 이어졌습니다.
E선생님	학생의 발상이나 아이디어를 기록한다는 점에서 실험 노트는 우수했습니다. 노트의 여백을 자유롭게 사용하여 실험 도중에 추기할 수도 있고요.
F선생님	그런데 쓰기를 잘하는 학생은 가능하지만, 못하는 학생은 쓰기에 시간이 걸리겠어요. 옴의 법칙 등 필요한 지식은 기록하기 힘들겠지요.
E선생님	하지만 열심히 기록했지요. 선입견에 사로잡히지 않고. 실험 노트의 기록을 보고 '전날에는 이렇게 생각했지만, 오늘은 이렇게 하고 싶어'라는 식으로 시간의 흐름을 의식해서 생각할 수도 있지요. 또 교사에게도 정기평가에서 평정하기 어려운 '스스로 정리하는 능력'과 같은 것을 실험 노트를 통해 확인할 수 있고, 수업에서도 활용할 수 있지 않을까요.

이 시점에서, 호스트가 화제를 돌려, 실험 결과의 오차 취급에 대한 의견을 요구했다. 실험 결과의 신뢰성을 높이는 방법을 발언하는 중에 과학적인 설명에 대한 언급도 있었다.

호스트	전류 단원에서는 접촉 불량과 오차의 처리가 문제라고 생각합니다. 본시의 수업에서도 모둠 결과 발표 시, 그래프 결과가 조금 어긋나 있어서 비례하지 않는다고 결론 내렸지요. 이 모둠의 학생들에게는 어떤 지원이 필요할까요?
D선생님	어떤 모둠에서는 같은 모양의 저항으로 전압과 전류의 관계를 3회 측정했습니다. 이 모둠이 이용한 방법을 전체에게 알리면 결과의 신뢰성을 높일 수 있지 않을까요.
F선생님	시간적인 여유가 있으면, 다른 모둠과 실험기구를 바꾼다면, 누가 실험하더라도 동일한 결과가 나온다는 것을 실감할 것입니다. 기구 상태에 따라 결과가 나오지 않는 고민도 해소되고.
E선생님	실험 결과와 교과서의 원리나 법칙을 어떻게 연결해야 하는지가 교사의 역할이지요. 본시에서도 저항의 모양이 바뀌면 흐르는 전류가 변하는 것을 알아낸 학생은, 결과를 당당하게 발표했습니다. 결과에 자신이 없는 학생은, 결과에 대한 설명에 주저하는 경향이 많습니다.

실험 노트는 칸으로 되어 있어 공간을 자유롭게 쓸 수 있어 좋네요.

이 모둠은 같은 실험을 3번이나 했어요.

사실 학생은 발표하고 싶지만, 자신이 없어 표현하기를 꺼려 하지요.

라운드 3	대화	결과의 신뢰성과 타당성을 의식하면 과학적 사고력과 표현력은 높아진다

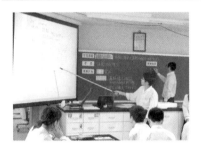

모습이 다르면 전류의 크기도 달라지는데
왜 그렇지?

전압이 2배, 3배가 되면,
전류도 거의 2배, 3배가 되기 때문에…

라운드 1의 그룹으로 돌아와서, 모조지에 쓰인 내용을 찬찬히 확인한다. 그 후, 멤버 한 사람이 다른 그룹의 호스트로부터 들은 내용을 말하기 시작했다.

B선생님	실험 결과 거의 전원이 '비례는 성립한다'고 예상했기 때문에 시간이 걸리지 않았지만, 예상의 근거를 확실하게 했다면 좋았을 것 같아요.
C선생님	교류를 통해 생각하거나 정리하기 위해서는 시간이 필요하다는 것을 다시 한 번 확인했습니다. 본시를 되돌아보면, 고찰에 충분한 시간이 확보되지 않았지요. 실험 결과의 예상 시간 등 시간 배분에 충분히 고민해야 합니다.
A선생님	한정된 시간 속에서 옴의 법칙을 깊게 이해시키려면, 수업 말미에 긴 도선 실험을 실시하여 저항의 형태에 주목하지 못한 학생에게 힌트를 주었으면 좋았을 것 같아요.

대화는 어떻게 하면 보다 매력적인 수업이 될지로 옮겨 간다. 라운드 3에서는 본시의 매력과 과제에 대해 각각 2개씩 정리해야 한다. 호스트가 매력과 과제의 수를 헤아리고, A선생님이 정리하기 시작한다.

A선생님	과제를 정리하면, 핵심어는 '차이'가 됩니다. 할 수 있는 학생과 그렇지 않은 학생의 개인차, 모둠별로 진척도가 다른 모둠별 차이, 실험 결과의 오차. 교사가 이런 차이를 어떻게 다루어야 하는지가 앞으로의 과제가 아닐지.
C선생님	'차이'라는 핵심어 정말 좋네요. 아무리 결과의 고찰에 시간을 들여도 틀린 결과나 큰 오차 결과로는 학생들의 생각은 깊어지지 않지요. 평소의 수업에서 정확한 결과를 얻을 수 있는지, 결과가 충분한 증거가 될 수 있는지를 의식할 수 있는 수업이 되면, 학생들의 생각도 깊어지고 넓어지는 것이 아닐까요.
호스트	학생 스스로 신뢰성과 타당성을 높이는 것이 가능하게 된다면, 틀리지 않은 결과에 자신을 갖게 되고, 실패를 두려워하지 않고 발언도 할 수 있게 됩니다. 결과적으로 스스로 과제를 해결하는 학생이 될 것이라고 생각합니다.

최종적으로 본시의 매력을 '누구라도 쉽게 쓸 수 있는 교재', '자신들의 계획과 언어활동'으로, 과제는 '예상, 실험, 고찰하는 시간', '차이'를 들었다.

고찰에서 사고가
높아짐을 보고 싶었어요.

예상에 시간을
더 주고 싶네요.

결과의 신뢰성과 타당성을
높이고 싶다.

최종 라운드	전체 토론	최종 라운드의 모습

최종 라운드에서는 3개의 그룹이 6개의 매력과 과제를 각각 보고했다. 매력으로 가장 많은 것은 회로용 마커 펜이었다. 다음으로 학생이 스스로 과제를 해결할 수 있도록 한 것이었다. 실험 노트의 활용도 매력의 하나로 거론되었다. 손에 잡힐 듯 말 듯한 정도의 적절한 난이도의 과제를 설정하여, 일방적으로 설명하지 않는 자유도가 높은 실험을 한다면, 학생의 주체성은 높아진다. 이 점을 구체화한 수업 실천이 되었다.

한편, 과제는 실험 진척의 차이에 따른 지도와 지원 등을 어떻게 할까, 수업에서의 학생의 활동 모습을 어떻게 평가할 것인가가 거론되었다.

A그룹

A그룹에서 올라온 매력은, '변수·재미·간단한 교재', '자신의 계획이라 언어활동이 활발함'입니다. 학생은 회로 마커를 사용해서 자유롭게 저항의 형태를 바꾸면서 본시 학습 과제에 임하는 자세가 의욕적이었습니다. 전류에 대한 흥미와 관심이 높아질 것이라고 생각합니다. 또하나, 의욕적으로 실험할 수 있었던 것은, 자신이 실험을 계획해서 과제의식이 높았기 때문이라고 생각합니다. 계획을 세운다는 행위는 과학 과목에서의 언어활동의 충실로도 연결된다는 의견이 있었습니다.

과제는 '예상·실험·고찰의 시간', '개인차·실험 진척의 차·오차'입니다. 아울러 고찰 시간, 개별 지도 시간 등 시간 배분을 어떻게 하면 좋을지에 대한 의견이 있었습니다.

B그룹

수업의 매력을 든다면, '자유도가 높은 교재와 실험 노트', '학생들의 힘으로 계획이 가능한 실험'의 두 가지입니다. 과제는 '신뢰성과 타당성 설명', '평가 문제'의 두 가지입니다.

본시는 스스로의 힘만으로 과제를 해결하려는 학생들의 노력이 보였습니다. 그것은 융통성 있는 회로 마커와 실험 조건을 처음부터 확인한 점, 예상과 계획에 대한 생각을 가시화할 수 있는 실험 노트를 활용한 점이 크다고 생각합니다.

이번 수업을 통해 계획과 고찰 등, 학생이 실험 조건 등을 생각하게 하는 것을 습관화시키는 것의 중요함을 실감했습니다. 자유도가 높은 실험인 만큼 한 사람 한 사람의 결과의 신뢰성과 타당성에 대한 설명에 교사는 무엇을 근거로 평가할 것인가에 대한 검토가 필요합니다.

라운드 E	되돌아보기

평가 준거

	과제 탐구 [내용]	과제 탐구 [방법]	탐구·창조적 배움 [개인적 배움]	의사 소통
5	본시의 수업토의를 통해, 과학적으로 표현하는 학생의 모습이 매우 명확하게 되었다.	라운드 스터디 방법은 본시 수업을 관점을 갖고 분석해 나가는 데 크게 유효했다.	많은 자극을 받아, 내일부터의 교육 활동이나 학습 진행에 매우 좋은 배움의 장이 되었다.	대화나 의논이 매우 재미있었다.
4	본시의 수업토의를 통해, 과학적으로 표현하는 학생의 모습이 대체로 명확하게 되었다.	라운드 스터디 방법은 본시 수업을 관점을 갖고 분석해 나가는 데 대체로 유효했다.	몇 가지 자극을 받아, 내일부터의 교육 활동이나 학습 진행에 좋은 배움의 장이 되었다.	대화나 의논이 대체로 재미있었다.
3	본시의 수업토의를 통해, 과학적으로 표현하는 학생의 모습이 보였다.	라운드 스터디 방법은 본시 수업을 관점을 갖고 분석해 나가는 데 유효했다.	내일부터의 교육 활동이나 학습 진행에 좋은 배움의 장이 되었다.	대화나 의논이 재미있었다.
2	본시의 수업토의를 통해, 과학적으로 표현하는 학생의 모습이 아직 명확하지 않다.	라운드 스터디 방법은 본시 수업을 관점을 갖고 분석해 나가는 데 별로 도움이 되지 못했다.	새로운 배움이 별로 없었다.	대화나 의논이 별로 재미없었다.
1	본시의 수업토의를 통해, 과학적으로 표현하는 학생의 모습을 이전보다 이해하기 더 어려워졌다.	라운드 스터디 방법은 본시 수업을 관점을 갖고 분석해 나가는 데 도움이 되지 못했다.	새로운 배움이 없었다.	대화나 의논이 정말로 재미없었다.
	4.08(49p/60p)	4.33(52p/60p)	4.2(38/45p)	4.2(38/45p)

A선생님	그룹별 대화를 하면 특정 사람의 생각밖에 들을 수 없지만, (라운드 스터디는) 다른 그룹의 생각도 들을 수 있어서 크게 참고가 되었습니다. 활용 방법에 따라서 과학뿐만 아니라 특별활동이나 도덕 교과에도 활용할 수 있다고 생각합니다.
B선생님	쓰면서 이야기하는 것이 어려웠지만, 익숙해지자 간단해졌습니다. 쓰면 지면에 남고, 그것을 보면 시간별 흐름이 이해되어, 설명하기 쉬웠습니다. 꼭, 우리 학교의 수업 검토에도 도입하여 실시하고 싶습니다.
C선생님	아직 경력이 미천하여 알아차리지 못한 수업의 매력과 과제에 대해, 교류를 통해 의견을 듣는 중에 알아차릴 수 있었습니다. 많은 사람의 의견과 감상을 들어서 수업을 보는 관점에 대한 공부도 되었기 때문에 뜻깊은 시간이었습니다.
D선생님	개인차나 경력의 차이를 느끼지 않고 의사소통하기 쉬웠습니다. 시간 제한이 있기 때문에 자신의 생각을 정확하게 말하는 능력이 필요하지만, 적으면서 '상대에게 전해지지 않았구나', '더 설명이 필요하구나'라고 자각할 수 있었습니다. 어떤 대화라도 그렇지만, 사회자(호스트)의 역할은 매우 중요하다고 새삼 느꼈습니다.

이번에 직접 수업을 진행했다. 그리고 라운드 스터디에 참여했다. 젊은 참관자라는 점 때문에 '토의 내용이 깊어지지 않으면 어쩌지'라는 불안한 마음도 있었지만, 그것은 기우에 지나지 않았다. 라운드 스터디에서는 언급한 것이 기록에 남는다. 발언자는 내용을 정리하고, 듣는 사람은 기록한 것을 보면서 토의하기 때문에 논점이 모아져, 참관자들의 열띤 대화가 실현된다. 수업자뿐만 아니라 그 장소에 있는 참관자 전원이 시간을 공유, 협동하면서 배움의 마당을 만들어 내는 분위기를 느낄 수 있었다.

과학과	중학교 1학년	아이치현 도요가와 시립 고자카이(小坂井) 중학교
연구수업 주제		과학 수업에서 '자주적 모습'에 대해 생각하자!

연수의 목적

본교의 교훈은 '자주(自主)'이다. 교훈인 '자주'를 육성하기 위해, '수업에서의 자주적 모습을 추구해 가자'는 목표로 금년도부터 3년간의 학습지도 연구를 시작했다. 이 실천은 그 최초의 수업연구이다. 수업의 실험 결과를 확인한 후, 식물이 물을 빨아올리는 구조를 과학적으로 해명해 가는 중에, 학생들이 어떤 '자주적 모습'을 보였는가를 라운드 스터디 형식으로 대화한다.

수업 개요
(전 14차시)

단원명	식물체의 구성과 기능을 탐구하자
단원 목표	▶ 관찰과 실험 결과를 바탕으로 식물체의 구성과 기능을 관련지어 설명할 수 있다. ▶ 돋보기와 현미경을 이용한 관찰, 비교실험 등을 이용해서 식물체의 구조와 기능을 조사, 이해할 수 있다.

본시의 전개	1. 전 차시의 실험 결과를 확인한다. (10분) 2. 본시의 과제를 확인하여, 자기 생각을 갖는다. (5분) 〈과제〉물을 많이 빨아올리기 위한 조건은 무엇일까? 3. 본시 과제에 대해 학급 전체로 대화한다. (15분) 4. 오늘 학습한 것을 그림으로 정리한다. (10분) 5. 정리한 것을 발표한다. (7분) 6. 학습을 되돌아본다. (3분)
아동의 모습	▸ 식물에 관한 학습을 진행하면서 동시에, 식물에 대해 '재미있다', '흥미롭다' 등의 식물의 신비로움, 놀라움을 느끼기 시작한 학생이 늘고 있다. ▸ 발언하기를 '자주적 모습'이라고 이해하는 학생이 많다. ⬇ 그래서… ▸ 식물에 대한 관찰과 실험을 통해 식물의 구조와 기능을 관련시켜 학습함으로써, 목적을 갖고 이미 배운 것과 경험을 활용하는 능력이 길러지기를 기대한다. ▸ 다양한 문제의식을 갖고 과제를 해결해 나가는 모습이야말로 '자주적 모습'임을 알게 되기를 원한다.
본시의 모습 (성과와 과제)	전 차시에는 실험 결과가 어떻게 될지, 근거를 갖고 예상하게 했다. 본시의 도입에서 제시한 도입 실험 결과는 많은 학생의 예상을 뒤엎었다. 그래서 학생들에게 '왜'가 생기고, 문제 해결을 향한 에너지가 되었다. 학습 정리를 쓸 때, 교사의 지시가 없어도 각 모둠별로 문제 해결을 향한 진지한 대화가 수시로 이루어졌다. 그 후, 식물의 일러스트를 그리면서 자기 생각을 정리했다. 마지막으로 그 일러스트를 활용하여 실험 결과와 이미 배운 것으로부터 어떤 것을 생각할 수 있는지, 과학적으로 고찰한 것을 자기 말로 발표했다.

| 라운드 1 | 대화 | 과제 의식을 갖게 하는 매력적인 도입 |

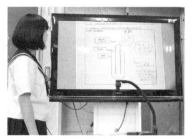

과제 의식을 갖게 만드는 도입   실물투영기로 시각에 호소하다.

라운드 1에서는 본시에서 학생들의 자주적인 모습이 어디서 보였는가를 느낀 것, 생각한 것을 중심으로 대화했다.

A선생님	저는 수업의 도입 장면에서 도입 실험의 결과를 보았을 때, 즉 실험 결과가 A로 나타나자 학생들의 "어?"라는 반응이 "어째서…"라는 의문으로 바뀌는 지점에서 스스로 문제와 과제를 발견하는 학생들의 자주적인 모습을 보았습니다.
B선생님	저도 도입 실험 결과를 본 학생들의 모습이 좋았다고 생각합니다. 또, 과제에 대한 자신의 생각을 한 번에 써 내려가는 모습에서 실험 결과에 대한 흥미를 표현한 것이라고 느꼈습니다.
C선생님	그렇군요. 저도 A군에게 선생님이 설명을 요구하자, 앞으로 나와서 말한 것이 자주적인 모습이라 생각해요. 의욕의 표현이라 생각했기 때문이지요. 그런 모습이 나타나도록 하면, 자주적인 모습을 수업에서 자주 볼 수 있게 되지 않을까요.

A선생님	수업자도 좀 전에 말했지만, 다른 사람의 발표를 진지하게 듣는 모습도 자기 스스로 학습에 임하려는 자세라고 생각합니다.
C선생님	발표할 때 큰 목소리로 발표하는 것도 자주적인 자세가 아닐까요. 모두를 향해서 알아주기를 바라는 마음이 전해져 옵니다.

이후, C선생님의 발언을 계기로 학생의 자주적인 모습을 이끌어 내기 위한 지원으로 화제가 전개된다.

C선생님	자신이 그린 일러스트를 사용해 발표하는 장면이 있었지요. B학생이 "그러네!"라고 중얼거리는 것을 보고 '발표자의 의견이 제대로 전해지고 있다'고 느꼈습니다. 일러스트가 있어서 이해하기 쉬웠기 때문입니다.
B선생님	실물투영기를 사용해 시각적으로 발표하는 것도 자주적인 모습을 이끌어 내기에 효과적이었지요.
D선생님	유니버설 디자인 방법은 학생의 자주적인 모습을 이끌어 내기에 효과적이지요.

실험 결과를 알았을 때 학생의 반응이 좋았다.

"어?"라는 반응에서 "어째서"라는 의문으로…

시각에 호소하는 발표도 효과적이었고…

라운드 2	대화	근거를 갖고 발언하면 자신감으로 연결된다

과제에 대해 둘이서 의견을 교환하다.　　　근거를 토대로 자신 있게 발표

라운드 1의 후반 대화에 나온 학생들의 의견 교환에 대한 화제가 전개된다.

호스트	B학생과 C학생, 두 사람이 과제를 해결하고 싶어 서로 의견을 주고받아 멋진 아이디어를 이끌어 낸 느낌인데, 선생님은 어떻게 생각하시나요?
G선생님	저도 같은 생각입니다. 수준이 높았지요.
E선생님	B학생은 무언가 빨리 하고 싶어 참지 못하는 학생, 짝인 C학생이 끼어들자 불안해지고, 그것을 보고 A군이 두 사람의 대화에 참여하게 되고, 세 사람이 대화해 가는 중에 최종적으로 해결된 것이지요.
F선생님	한 사람보다는 두 사람, 두 사람보다는 세 사람, 즉 그룹으로 이야기하는 것은 자주적인 모습을 이끌어 내기에 도움이 되네요.
G선생님	확실히, 수업 중에 학생이 학생에게, 학생이 선생님에게 물어볼 수 있는 분위기였던 것은 오늘 수업의 자주적인 모습이겠지요.

E선생님	무엇이든지 서로 물을 수 있는 인간관계는 중요하지요. 대화 활동은 교사가 의도적으로 설정하지 않았지만, 다른 모둠에서도 같은 일이 일어났지요.
G선생님	그 말은 본시의 도입이 좋았다는 의미네요. 학생의 자주적인 모습을 이끌어 내기 위해서는 수업의 도입에서 문제의식을 갖게 하는 것이 중요하지요.
F선생님	도입에서 모두가 같은 과제의식을 지녔기 때문에 학습 의욕이 높아졌지요. 무심결에 이야기하고, 무심결에 물어보는 것은 자발적인 자주적 모습이라고 느꼈습니다.
E선생님	처음에 발표한 학생들은 자신감이 넘쳤습니다. 그것은 자기 나름의 근거를 갖고 있었기 때문이라 생각합니다.
F선생님	확실히, 오늘 수업에서 'C잎'을 지지했던 다수파 학생뿐만 아니라, 'A잎'을 지지했던 소수파 학생도 당당하게 의견을 발표했지요.
E선생님	지난 차시에 과제에 대한 생각을 쓰게 하고, 수업자는 그 생각을 좌석표에 기입한 후에 본시를 시작하는, 현재 본교에서 하고 있는 수업 스타일은 학생의 자주적 모습을 이끌어 내기에 도움이 된다는 것이지요.

모둠별 대화는 자주적 모습을 이끌어 내기에 효과적이에요.

무엇이라도 서로 질문할 수 있는 인간관계가 중요한 것이지요.

자신감이 넘치는 것은 자기 나름의 근거를 갖고 있기 때문이지요.

| 라운드 3 | 대화 | 과제 해결에 스스로 나서는 모습 |

| 과제 해결을 위한 자발적 질문 | 무엇이든지 이야기할 수 있는 인간관계 |

되돌아온 최초의 팀원은 다른 그룹에서의 의논을 통해, 전하고 싶은 생각으로 가득 차 있는 것처럼 보였다.

C선생님	자주적인 모습을 이끌어 내기 위해서는 무엇이든지 서로 이야기할 수 있는 분위기가 기본이지요.
A선생님	수업 시작 전에는 와글와글했는데, 수업자의 한마디에 순식간에 조용해졌습니다. 수업 규율이 제대로 잡혀 있거나, 수업자의 과학 수업이 재미있거나, 여하튼 학급의 토대가 높다는 이야기가 다른 라운드에서도 나왔지요.
C선생님	모든 것이 그렇습니다. 학급의 토대가 없으면 자주적인 모습이 생길 수 없지요.
D선생님	이 학급의 학생들은 무엇이든지 환영하고, 흥미와 관심이 높지요. 인사하는 목소리도 높고요. 학급 친구들을 믿기 때문에 목소리를 낼 수 있는 것입니다.

B선생님	좀 전 라운드의 대화에서도, 2개의 시험관으로 리포트를 정리하라고 수업자가 지시하자, "시험관 3개로 하면 안 되나요?"라고 질문하는 것은 자주적인 모습이라는 의견도 나왔습니다.
D선생님	확실히, 그것도 스스로 과제를 해결하려는 모습의 표현이지요.

라운드 3에서는 본시에 나타난 학생의 자주적인 모습을 발표용지에 정리한다. 대화가 깊어짐에 따라 관점도 넓어져, 좀처럼 정리할 수 없었을 때, A선생님이 다음과 같이 언급했다.

A선생님	자주적인 모습이란 하라고 하지 않아도 하는 것이지요. 교사가 말하지 않아도 스스로 이야기하거나 나서서 질문하는 것이지요.
C선생님	자주적인 모습은 문제 해결을 향해서 자발적으로 대화하고, 서로 질문하는 모습이라 생각해요. 그것을 이끌어 낸 것은 과제 제시가 좋았던 점, 무엇이든지 서로 물을 수 있는 인간관계입니다.

A선생님의 의견을 계기로 그룹의 의견이 모아져 갔다. 최종적으로 이 그룹에서는 본시의 자주적인 모습은 '학생이 과제 해결에 스스로 향하는 모습'이고, 그 요인은 '수업자의 적절한 과제 제시'와 '어떤 것이라도 말할 수 있는 학급 분위기'라고 결론지었다.

어떤 것이라도 서로 이야기할 수 있는 학급의 분위기가 기본으로 갖추어져 있기 때문이지요.

학급의 토대가 없으면 자주적인 모습도 생겨날 수 없지요.

발표 내용도 이렇게 하면 좋겠습니다.

최종 라운드	전체 토론	최종 라운드의 모습

7개 그룹으로부터 본시의 수업에서 보인 학생의 자주적 모습에 대해 보고를 받았다. 본시의 수업에서 볼 수 있었던 학생의 자주적 모습으로는 ① '어째서 그렇지?'라는 문제의식을 갖고 스스로 과제를 해결하려는 모습, ② 알고 싶고, 묻고 싶고, 이야기하고 싶고, 이해하고 싶어 하는 모습, ③ 이미 배운 것을 과제 해결에 관련지어 생각하는 모습, ④ "과학은 재미있다"라고 중얼거리는 모습의 4개로 정리되었다.

①과 ②에 대해서는 학생들의 수준에 맞춘 단원 구상과 교사의 적절한 과제 제시가 없어서는 안 된다는 점을 확인했다. 또, 학급이 무엇이든지 말할 수 있는 수용적인 인간관계가 기반이 되지 않고는, 수업에서도 학생의 자주적인 모습이 생길 수 없다는 공통 이해가 있었다.

A그룹

"과학은 재미있다"라고 C학생의 중얼거리는 모습이 오늘 수업에서의 자주적인 모습이라고 생각합니다. 또 한 가지는, 이미 배운 내용과 관련지어 생각하는 모습에서 자주적인 모습을 느꼈습니다.

"과학 재미있네"라고 수업 마지막에 중얼거리는 모습이 있었다.

B그룹

첫 번째는 '어째서'라고 생각하는 모습이 자주의 시작, '어째서 그렇지?'란 생각에 무엇인가를 시작하려는 모습. 확인하거나, 서로 질문하거나, 서로 가르치거나, 서로 지적하거나 해서 해결하려는 모습이 자주적인 모습.

두 번째는 진지하게 이야기를 듣는 학생들의 모습. 그것은 의견을 전하기 위한 전 단계로서 필요하다고 생각했기 때문입니다.

C그룹

자주적인 모습은 바로 학생들이 알고 싶고, 묻고 싶고, 질문하고 싶고, 이해하고 싶어, 과제 해결에 스스로 임하는 모습입니다. 그런 결론에 이른 연유는, 수업자의 과제 제시가 좋았던 점과 학급의 인간관계 형성이야말로 자주적인 모습이라고 느꼈기 때문입니다.

라운드 E	되돌아보기

평가 준거

	과제 탐구 [내용]	과제 탐구 [방법]	탐구·창조적 배움 [개인적 배움]	의사 소통
5	본시의 수업연구회를 통해 수업에서의 자주적인 모습이 매우 명확해졌다.	라운드 스터디 방법은 협의회를 주제를 바탕으로 진행함에 매우 효과적이었다.	많은 자극을 받아, 내일부터의 교육 활동이나 학습 진행에 매우 좋은 배움의 장이 되었다.	대화나 의논이 매우 재미있었다.
4	본시의 수업연구회를 통해 수업에서의 자주적인 모습이 대체로 명확해졌다.	라운드 스터디 방법은 협의회를 주제를 바탕으로 진행함에 대체로 효과적이었다.	몇 가지 자극을 받아, 내일부터의 교육 활동이나 학습 진행에 좋은 배움의 장이 되었다.	대화나 의논이 대체로 재미있었다.
3	본시의 수업연구회를 통해 수업에서의 자주적인 모습이 보였다.	라운드 스터디 방법은 협의회를 주제를 바탕으로 진행함에 효과적이었다.	내일부터의 교육 활동이나 학습 진행에 좋은 배움의 장이 되었다.	대화나 의논이 재미있었다.
2	본시의 수업연구회를 통해 수업에서의 자주적인 모습이 아직 불분명하게 느껴졌다.	라운드 스터디 방법은 협의회를 주제를 바탕으로 진행함에 별로 도움이 되지 못했다.	새로운 배움이 별로 없었다.	대화나 의논이 별로 재미없었다.
1	본시의 수업연구회를 통해 수업에서의 자주적인 모습을 더욱더 이해하지 못하게 되었다.	라운드 스터디 방법은 협의회를 주제를 바탕으로 진행함에 거의 도움이 되지 못했다.	새로운 배움이 없었다.	대화나 의논이 정말 재미없었다.
	3.3(73p/110p)	4.0(88p/110p)	4.0(88p/110p)	4.2(93p/110p)

팀원 소감	
A선생님	처음으로 라운드 스터디를 경험했다. 다른 그룹의 의견을 듣고 돌아와 원래 그룹에서 이야기함으로써, 생각이 깊어진다. 그룹 협의 시간이 짧게 느껴질 정도이다.
B선생님	'자주'의 의미는 사람(교과)에 따라 다양함을 라운드 스터디를 통해 새삼 느낄 수 있었다. 흥미와 관심을 갖고 수업에 의욕적으로 참여하거나 다른 사람의 이야기를 제대로 듣는 것도 자주이고, 새로운 의문을 갖고 알고 싶어 움직이는 것도 자주이고…. 하나의 수업에서 특정한 자주의 모습으로 목표를 좁혀서 생각할 필요성이 있다.
C선생님	라운드 스터디는 정말로 재미있는 배움의 방법이라 생각한다. 평소 의견을 전체에게 이야기하는 것이 아닌, 그룹에서 이야기하는 편이 충실한 활동으로 이어졌다. 앞으로의 연구협의회에서도 도입하고 싶다.
D선생님	선생님들의 대화 모습을 보고 있자니 라운드 스터디가 꽤 좋다는 생각이 든다. 앞으로의 수업협의회에서는 '본시 수업의 매력과 과제'라는 주제로 하면 좋겠다는 생각이 든다. 최종 라운드에서 '손 든 사람이 먼저 발표해도 될까요?'라는 발언은, 바로 '교사의 자주적 모습'이 아닐까.

본교에서 라운드 스터디를 실시한 것은 처음이다. 선생님들이 열심히 서로 대화하는 모습을 보고, 기본적으로 교사는 '대화하고 싶어 하는구나'라고 느꼈다. 라운드 1에서 설정한 12분이 순식간에 지나갔다. 서로 이야기하는 목소리에 열기가 있고, 익숙하지 않은 '이야기를 하면서 쓰는' 것도 어느 그룹에서나 자연스럽게 되었다고 생각한다. 학생들이 없을 때는 컴퓨터 앞에 있을 때가 많은 우리 교사에게, 얼굴을 맞대고 서로 이야기하는 라운드 스터디라는 기회는 연구를 진행함에 필요한 선생님 간의 유대를 튼튼하게 하는 귀중한 기회가 될 것이다.

4장

생각하며 소통하는
교사들

라운드 스터디가 묻다

라운드 스터디 형식의 연수에서는 종래의 교내 연수나 수업연구에서 볼 수 없는 교사의 다양한 모습을 볼 수 있습니다. 라운드에 참여하는 교사들은 왜 이렇게까지 자유롭고 활달하게, 자발적인 판단으로 생각이나 의견을 말하는 것일까요. 그리고 깊은 대화를 나누는 그들의 표정은, 어째서 이처럼 생기발랄한 것일까요.

4장에서는 라운드 스터디의 개발에 관여한 3명이, 교사의 배움의 모습으로부터 부각된 라운드 스터디의 예상을 뛰어넘는 연수 효과와 앞으로의 가능성에 대해 각각의 입장에서 말합니다.

시작하며

1. 월드 카페(The World Café)와의 만남

라운드 스터디는 월드 카페를 1시간 정도의 시간에 할 수 있도록 정형화하고 간소화한 방법입니다. 수업협의회나 연구 주제에 대한 검토, 심포지엄 등 다양한 장면에서 활용할 수 있습니다.

월드 카페를 제가 처음 접한 것은 대학생 주체의 연수회였습니다. 강사로 참여한 저는 학생들로부터 그날 오후의 모든 연수 시간을 의뢰받았습니다. 시간적으로 여유가 있었기 때문에, 연수 시간의 절반을 활용하여, '생활교과의 논문을 활용하여 스스로의 힘으로 연수를 기획해 보자'는 과제를 연수를 기획하는 학생들에게 부여했습니다. 이때, 학생들이 이용한 방법이 월드 카페였습니다. 리더 학생의 부친이 기업연수 관련 일을 하는데 그 기업에서 하고 있는 연수를 활용한 것이라고 합니다.

기획하는 학생들과 사전 계획을 조절할 때, 마지막 정리를 어떻게 할 것인지가 화제가 되었습니다(월드 카페에서는 소그룹 대화 후의 전개 방법은 다양합니다). 그래서 학생들과 의논한 끝에, '생활교과 논문의 매력'을 2장의 종이에 정리하여 그것을 각 그룹이 발표하고, 다시 전체적인 의미를 통합해 보도록 했습니다.

결국, 연수회는 많은 성과를 냈습니다. 교단에 서 보지 못한 학생들이 생활교과의 논문에서 멋지게 그 매력을 읽어 낸 것입니다. 저는 학생들의 높은 탐구력에 놀람과 동시에 그것을 이끌어 내는 방법에 강한 매력을 느꼈습니다.

2. 라운드 스터디의 탄생

즉시 월드 카페에 대해 배우고, 수업의 사후 연구회나 교육과정 디자인 등에서 여러 번 적용했습니다. 이런 과정을 통하여 시간 제약이 있거나 처음 해 보는 사람에게 쉽도록, 또 어느 정도 구체적인 성과가 나오도록 하는 등을 고려하여 전개 방법을 하나의 정해진 흐름으로 만들게 되었습니다.

그래서 월드 카페의 이념을 유지하면서, 전개를 6개 라운드로 나누고 각각 라운드의 역할을 명확히 하여 교원연수 장면에서의 범용성을 높였습니다. 이것이 라운드 스터디입니다.

> 월드 카페와의 만남-나는, 학생들의 높은 탐구력에 놀람과 동시에, 그것을 이끌어 내는 방법에 강한 매력을 느꼈다.

함께 배우는 교사들

1. 서로 배우는 교사의 모습

라운드 스터디의 연수 형태가 정비되어 실천을 위한 홍보물이 완성된 시기였습니다. 도쿠시마의 한 초등학교에서 이루어진 도덕 수업연구회를 참관할 기회를 얻게 되었습니다. 이 학교에서는 홍보지를 참고로 해서 사후 수업협의회에서 처음으로 라운드 스터디를 활용했습니다.

저에게는 라운드 스터디를 기획하는 입장이 아닌, 관찰자 입장에서 바라볼 수 있는 기회가 되었습니다. 수업자는 20대의 여성 교사, 라운드 스터디의 주제는 '본시 수업의 매력과 과제'였습니다.

참관 결과, 진하게 마음에 남은 것은 세 가지입니다. 첫 번째는 한 사람 한 사람 교사의 발언 횟수의 많음. 두 번째는 발언 수준의 높음. 세 번째는 최종 라운드에서의 선생님들의 진지한 눈빛이었습니다.

2. 이야기꽃이 피다

라운드 1에서 라운드 3까지(각 10분)는 수업자가 포함된 그룹의 대화를 들었습니다. 이 3회의 그룹 활동에서 교사들이 발언한 횟수는 141회나 되었습니다. 한 사람이 세 라운드에서 35회 정도 발언한 셈이 됩니다. "그렇군요"와 같은 맞장구치는 말을 포함하면 그 횟수는 더 늘어납니다.

그중에서 수업자의 발언은 라운드 1에서 23회, 라운드 2와 3에서는 각 16회, 총계 55회입니다. 젊은 수업자가 경력자와의 대화에서 진지하게 자신의 수업을 되돌아보는 모습이 매우 인상적이었습니다. 모조지에는 많은 단어가 적혀 있었습니다.

3. 알아차림·공감·학생의 모습

언급된 교사들의 말을 분석하면 다음과 같은 핵심어가 부각됩니다. 그것은 알아차림, 공감, 학생의 모습, 3개입니다.

알아차림의 말은, '아, 그렇지', '과연' 등의 말을 동반하고 있습니다. 수업자는 "그렇군요, 저의 발문에 (학생들이) 모두 정답을 말하고 있었네요…" 등 그룹 멤버의 지적으로부터 수많은 것을 알아차립니다. 여기에 선배 교사는 "어떻게 하면, 이렇게, 깊이 있게 말할 수 있을까요"라며 수업자의 성찰에 공감의 말을 합니다.

또 다른 교사는 "이 지점에서는 어떻게 생각해야 될까?" 등과 같이,

같은 입장에서 고민합니다. <mark>여기서 볼 수 있는 것은 가르치고 배우는 관계가 아닌, 같은 고민을 서로 공감하는 동료성입니다.</mark> 같은 입장에서 생각을 나누는 경험은 다음과 같은 말을 만들어 냅니다.

"지금 우리들이 하는 것처럼 대화한다면 (속마음이) 나와 버리지요."

이 말은 젊은 수업자를 향했다기보다는 자기 수업의 개선을 향한 계기로 한 말입니다. '우리들이 하는 것처럼'이라는 말에서는 경험을 공유하고, 지금 이렇게 자유롭게 서로 대화함으로써 생겨난 동료의식을 읽어낼 수 있습니다. 또 자유롭게 서로 대화하는 것의 소중함, 그리고 그 가능성에 대한 알아차림이 이 말속에 있습니다.

이런 선배로부터의, 아니 동료들의 말에 의해, 수업자에게 과제로 여겨졌던 것이 그녀의 마음속에서 '내일의 힘'으로 바뀌어 갑니다.

라운드 스터디의 말미에는 '시간이 없어 초조했지요', '잘했다고 생각한다', '정말로'와 같은 공감과 인정의 말들이 이어졌습니다. <mark>"제가 좀 더 철저했다면…"이라고 반성하는 수업자를 그대로 받아들이는 말이, 수업자에게 용기를 주었습니다.</mark>

이런 대화를 만들어 내는 원재료는 한 사람 한 사람의 교사가 수업에서 알아낸 학생들의 모습입니다.

언급된 학생의 모습은 다양합니다.

"○○양은 '어째서 나만?'이라고 말했지요. 이것은 지나친 솔직함이 아닐까요?"

"□□양, △△양과 ◇◇양의 언급을 고려하면 학생들로부터 (이미) 답이 나왔다고 생각해요."

더불어, 그 학생과의 교류와 배경도 언급됩니다. 수업 중 학생의 모습에 대한 언급을 통해 입체적으로 수업이 드러나기 시작합니다.

이런 대화의 장면은 평면적으로 기술된 수업기록과 달리, 한 학생의 모습이 다양한 각도로 언급되기 때문에 생생한 분위기를 파악할 수 있습니다. 또 한 마디 한 마디에는 학생 한 사람 한 사람에 대한 깊은 애정이 담겨 있습니다.

젊은 교사들은 이런 선배들의 어린이에 대한 언급을 듣는 것만으로도 얼마나 많은 것을 배우겠습니까. 지금까지의 연수를 통하여 자신의 관찰이나 교육관을 서로 나눌 수 있는 기회가 얼마나 있었을까요.

> 언급된 교사들의 말을 분석해 가는 중에 '알아차림', '공감', '학생의 모습'이라는 3개의 핵심어가 부각된다.

4. 멈춤·맞장구·몸짓·웃음

"결국 실제로 망가진 것은 그 아이 혼자네요."

"그래, 그래요. 그래서 그 아이가 말했지요. '어째서 나 혼자만 망가졌던 것일까'라고…. 허허허."

"그건 그래. 그렇게 생각해."

"왠지, 생각보다는… 그 자리에 있었다면, 가만히 있었다면 겁쟁이지요."

"그까짓 것, 거절해 버리면 되지."

"어머, 거절하지 못할걸요. 그것."

"거절 못 해요. 거절하는 것도 용기가 필요해요."

"인생, 여러 가지. 양자 선택이라고, 어느 쪽인가를 선택해야만 할 때가 자주 있지 않나요."

문자로는 좀처럼 잘 표현할 수 없지만, 도덕과 수업의 한 장면에 대해 몸짓, 손짓을 섞어 가면서 대화하고 있는 모습입니다. 웃음도 있습니다. 절묘한 멈춤이 거기에 있습니다. 이런 주고받음을 통해 교사들은 주인 공이 처한 상황을 생각합니다.

'인생…'이라며 자신의 인생관이나 관련된 경험을 말하는 교사도 등장 합니다. 두서없는 대화처럼 보이지만, 교재 해석이 이런 대화를 통해 깊 어집니다.

많은 교사들은 직업상 상대의 기분을 받아들이는 것을 중요시합니다. 때문에 이런 장면에서의 대화, 상호 질문에 기본적으로 능합니다.

호흡을 맞추고, 행간의 의미를 찾고, 수용하여, 새로운 생각을 그곳에 더하여 갑니다. 이곳의 라운드 스터디에서는 한 사람 한 사람의 교사들 의 이런 능력들이 제대로 발휘되는 모습이 다양한 장면에서 발견되었습 니다.

> 어린이에 대한 선배들의 이야기는 젊은 교사들에게 수많은 배움을 준다. 때문에 한 사람 한 사람 교사의 알아차림이나 언급, 그리고 각자가 갖고 있는 교육관이 활용된다.

5. 과제의 발견

최종 라운드에서는 촉진자가 제출한 20장의 발표용지가 솜씨 좋게 분류되었습니다. 크게, '분위기 만들기', '발문 방법', '자신과의 관련성'의 3개 범주로 분류되었습니다.

매력적이었던 점은 '발문 방법'의 범주 속에, '고민해서 좋았다'가 매력으로 열거된 것과 '어린이의 속마음을 이끌어 내는 발문이 필요'하다는 것이 과제로 거론된 것입니다.

수업을 바라보는 방법에 차이가 생기는 것은 그곳에 소중하게 생각할 점이 있다는 것입니다. 생각의 차이는 수업 만들기에도 중요합니다. 이 자리에서 결론은 나오지 않았지만, 마지막에 촉진자는 "다음번에는 그것을 중심으로 도덕 수업을 해 봅시다. 오늘 서로 대화한 것을 다음 과제로 이어 갑시다"라고 말했습니다.

우리는 자칫 하나의 답을 추구하기 쉽습니다. 예를 들면, 이곳에서 도덕과의 권위자가 이렇게 하면 좋다고 말한다면, '아, 그렇구나'라고 많이들 납득할 것입니다. 그런데 우리는 이런 배움의 방식에 너무나 익숙해져 있는 것은 아닐까요? 넓은 관점에서 지적받는 것도 중요하지만, 한편으로는 어린이들을 앞에 두고, 본 것이나 느낀 것에서 나온 경험이나 아동관을 서로 교환하고, 수업관을 서로 연마해 감으로써 내일의 수업으로 연계해 가는 것도 동일하게 중요하다고 생각합니다.

어쩌면 답을 찾지 못할 수도 있습니다. 하지만 그것으로 좋습니다. 이곳에서 거론된 '발문'에 관한 사고방식의 차이라는 문제에 대해서도 주어진 상황이나 학생의 모습, 수업의 전개에 따라 발문은 얼마든지 모습을 바꿀 수 있습니다.

애초에 발문이란 교사가 먼저 해야 하는가에 대한 의문도 있습니다. 일반론이나 '이렇게 해야 한다'는 방법론을 우선하는 것이야말로 우려해야 합니다. 먼저, 눈앞에 있는 사실을 보고 있는 교사들이 어린이들의 모습을 떠올리면서 서로 대화하는 활동이야말로 중요합니다.

현장 선생님들의 이야기에는 힘이 있습니다. 교육에 관한 전문적 지知가 그곳에 있습니다. 함께 연마함으로써 그 풍부한 지를 연결하여 새로운 지를 만들어 갈 수 있다는 것을 각 선생님이 확신해야 합니다. 그리고 답이 나오지 않으면 다음 걸음을 자신이 내디디면 됩니다.

교육 관련 책은 서점에 넘쳐 납니다. 선배들이 남겨둔 위대한 실천기록도 구하고자 한다면 구할 수 있습니다. 연구회나 학회도 있겠지요. 무엇보다도 아주 가까이에는 이상적인 교육을 찾기 위해 함께 깎고 다듬을 수 있는 동료 선생님들이 있습니다. 자발적 참여야말로 깊이 있는 배움을 향한 소중한 한 걸음이 됩니다.

최종 라운드에서 서로 배우는 선생님들을 바라보면서 저는, 지금처럼

이 학교의 선생님들이 만들어 내고 있는 학교문화야말로 라운드 스터디에 의한 배움을 지탱해 주고 있다는 것을 밝혀 두고 싶습니다.

현장 속에 있는 교사들이 어린이들의 모습을 떠올리면서 서로 대화하는 활동이 중요하다. 함께 갈고닦음이야말로 풍부한 지知로 이어지고, 새로운 지를 만들어 낼 수 있다.

꿈을 이야기하는 교사의 모습

지금까지 배움의 장면은 넥타이를 매고, 공손한 말을 사용하고, 메모를 열심히 하면서… 등과 같은 이미지가 지배해 왔습니다. 때문에 참신한 발상이 생길 여지는 적었습니다. 물론 시간, 장소, 방법에 대한 배려도 필요하겠지요. 하지만 교사의 깊이 있는 배움을 만들어 내는 길은 수없이 많습니다.

선생님들의 라운드 스터디 모습을 참관하고, 교사의 발언을 연구하면서, 연수에 대한 의식개혁의 필요성을 확인했습니다. 교사 한 사람 한 사람이 지니고 있는 능력을 연수 장소로 이끌어 낼 필요가 있습니다.

이를 위해서는 교사의 배움에 대한 패러다임의 전환이 필요합니다. 이것이 없으면 액티브 러닝이 현장에 침투하기 어려운 것이 아닌가라는 생각조차 듭니다.

지인인 T씨에게 라운드 스터디를 참관하게 할 기회가 있었습니다. 그의 다음과 같은 말이 기억에 남습니다.

제가 처음으로 라운드 스터디를 접했을 때, '선생님들은 사실은 단점보다는 장점을, 할 수 없는 것보다는 할 수 있는 것을, 그리고 새로운 발상을, 꿈을 말하고 싶었던 것이 아닐까'라는 생각이 들었습니다.

우리는 평소에, 무엇인가에 대해 '이것이 문제다', '저것도 문제다'라고 말하면서 짐짓 고민하는 인상을 짓습니다.

그런데 배움의 본질은 교사도 어린이도 같은 법. 자기 생각을 개선해 가는 즐거움, 선배나 동료의 생각을 접했을 때의 놀라움, '내일 수업에서는 이런 것을 해 봐야지'라는 두근거림, 이런 배움이 있기 때문에 교사의 생각은 액티브하게 되고, 긍정적으로 되고, 연수한 것이 피와 살이 되는 것이 아닐까요?

라운드 스터디는 반드시 그런 교사의 진정한 배움을 이끌어 내어, 그들을 능동적 학습자로 바꾸어 준다고 생각합니다.

하라다原田

> 지금은 정말로 교사의 배움에 대한 패러다임 전환이 필요한 때. 이것이 없으면 액티브 러닝이 현장으로 침투하지 못하는 것은 아닐까.

라운드 스터디에서 보이는 말하기의 특징

1. 말하는 사람의 책임

라운드 스터디의 말하기에는 어떤 특징이 있을까요. 그룹에서의 대화에 주목하고 싶습니다.

라운드 1에서 교사는 각자의 의견을 말하여, 어느 연수에서나 있는 분임토의와 같은 분위기가 조성됩니다. 교사는 자신의 경험이나 지식을 토대로 수업에 대한 의견을 말하고, 경험이 풍부한 사람이나 목소리가 큰 사람의 영향을 받으면서 논의가 전개됩니다.

한편, 그룹의 의견을 정하려는 특징도 보이지만, 누구의 의견이 좋은지, 어떤 의견이 바람직한지는 애매한 채로 다음 라운드로 넘어갑니다. 그래서 다음 라운드에서 어떤 의견을 선택할지는 말하는 사람에게 달렸습니다.

라운드 2에서 각각의 멤버는 일개 개인이 아닌 그룹 대표라는 의미가 있습니다. "여기서 나온 것은…", "저쪽에서 나온 것은…"이라는 말투가

늘고, 호스트는 자신의 그룹에서 이루어진 논의를 소개하고, 다른 사람들은 자기 그룹에서 나온 의견을 전합니다.

애초에 개인의 의견이든, 아니면 라운드 1에서 공유된 의견이든, 말하기에는 말하는 이, 즉 개인의 의견이 반영될 수밖에 없습니다. 라운드 1에서 제시된 의견이 경험이 풍부한 교사의 풍요로운 의견이든, 다른 교사의 직감적 감상이든, 그것을 말할지 말지는 말하는 사람에게 맡겨져 있습니다. 그룹에서 공유된 것이라도, 라운드 2에서 제시된 견해에는 말하는 사람의 편견이 포함되어 있습니다.

라운드 2에서는 이처럼 개인의 의견이 반영된 발언이라도 "이전 그룹에서도 언급되었지만…"이라고 미리 말함으로써, 그룹에서 공유된 발언의 소개라는 의미가 강해집니다. 이 의견이 라운드 1에서는 그룹의 하나의 의견에 불과해 그룹의 공통 견해가 되지는 못했어도, 라운드 2에서 소개됩니다. 그리고 자신의 발언에 대한 책임은 말하는 자신이 아닌, 그룹이 공유한다는 감각이 생깁니다.

라운드 1에서 의견을 정리하고 나서 다음 논의가 진행된다면, 통상 경험이 풍부한 교사의 의견이나 목소리가 큰 교사의 의견이 우세해지지만, 라운드 2에서는 각 그룹의 의견을 전하기 때문에 모든 멤버가 '누구의 의견인가'라는 것을 명시하지 않고 자신의 의견을 말하게 됩니다. 어떤 사람은 자신의 의견을 말할지도 모릅니다. 다른 사람은 라운드 1에서 보인 공통의 의견을 전할지도 모릅니다. 자유롭게 자기 나름대로 이야기하고, 다양한 의견을 접하고서 다시 자신의 그룹으로 되돌아옵니다.

2. 누구의 이야기인가라는 원조 의식의 상실

이 과정에서 특징적인 점이 또 하나 있습니다. 나온 의견은 그것이 개인 의견인가, 아니면 그룹의 합의된 의견인가가 애매한, 즉 의견의 원조가 애매해진다는 점입니다.

라운드 3에서는 누구의 의견인가뿐만 아니라 어떤 그룹에서 나온 의견인가 또한 애매해져서, 더욱더 의견의 원조 의식이 상실되게 됩니다.

보통 하나의 의견에는 그 의견을 말한 사람의 입장이나 경험 등의 배경이 수반됩니다. 그리고 듣는 이는 그것을 포함해서 의견을 받아들입니다.

라운드 스터디에서는 라운드가 진행됨에 따라 의견의 원조 의식이 사라져, 누구의 의견인가, 어떤 문맥에서 나온 의견인가보다는 어떤 의견인가 하는 점만 남게 됩니다. 그리고 듣는 이에게 어떤 의견을 받아들여질 것인가가 위임됩니다. 목소리가 큰 교사의 의견이나 경험이 많은 교사의 의견이 지배적인 것이 되지 않고, 듣는 이가 중요하다고 인정하는 목소리가 남게 됩니다. 이런 의미로 듣는 이의 관여가 중요하고, 모든 참여자의 주체적인 참가가 요구됩니다.

원조 의식의 상실은 말하기에의 책임감을 약하게 함과 동시에 라운드 스터디가 진행됨에 따라 개인의 존재가 드러나지 않게 됩니다. 이것이 개인의 참가 의의나 개인적인 배움이 존중되지 않는다는 것은 아닙니다. 개인의 속성에 휘둘리지 않는 논의가 전개된다는 의미입니다.

라운드를 통해 발언에의 개인 책임이 약해진다. 이런 원조 의식의 상실은 말하기에 대한 저항감을 경감하여, 말하기 쉬운 분위기를 만들어 낸다.

집HOME의 존재

라운드 3의 큰 특징은 호스트는 팀원을 "어서 오세요"라고 맞이하고, 팀원은 "다녀왔습니다"라고 인사하며 돌아오는 것입니다.

처음 이동할 때에는 '다녀오세요', '다녀오겠습니다'라는 인사는 없어, 각자의 그룹에 대한 자기 집이라는 의식이 약한 상태입니다. 그런데 라운드 2에서 그룹의 대표로서 말하기 때문에 그룹 소속감이 높아져 갑니다. 나아가 이런 인사말을 통해 그룹으로서의 단결이 만들어져 갑니다.

라운드 3에서 각각 다른 그룹에서 가지고 온 의견을 전하고, 더 나은 논의가 전개됩니다. 팀원 앞에는 모조지가 있고, 거기에는 라운드 1에서의 논의가 남겨져 있습니다. 라운드 2에서 추가된 의견이나 다른 그룹에서 가지고 온 의견도 추가됩니다. 그래서 그룹의 배움이 뚜렷해지고, 홈팀의 의견이 완성되어 갑니다.

여기서 완성된 것은 단지 그룹으로서의 배움뿐만 아니라, 홈이라는 감각을 공유할 수 있는 교사의 관계성도 있습니다. 개인적 속성을 탈피한 서로 신뢰하는 관계성이 형성됩니다.

구로다黑田

라운드 3에서는 그룹의 배움이 나타나고, 홈 의식이 형성
되어 간다. 그 과정에서 개인적 속성을 탈피한 서로 신뢰하는
관계성이 생겨난다.

어린이의 배움과 교사의 배움은 닮았다!

1. 배움의 감각 변화

어린이들의 능동적 배움 이전에 교사가 먼저 능동적으로 배우는 것이 중요합니다. 어린이의 배움과 교사의 배움 사이에 유사점이 있다면, 어떤 점이 핵심이 될까요? 바꾸어 말하면, 액티브 러닝 등 학습자 주체의 수업으로의 전환의 본질은 어디에 있는 것일까요?

액티브 러닝의 중요성을 지적하지 않더라도, 특히 초등학교의 수업은 이미 액티브하고 협동적이기도 합니다. 물어야 할 것은 '어떤 형태, 어떤 질적 수준의 수업을 추구하는가?'입니다. 라운드 스터디와 관련하여, 어린이들의 배움의 형태, 의사소통 감각의 변화, 교실 언어의 혁명이라는 관점에서 생각해 보겠습니다.

가치관, 생활양식의 다양화, SNS에 의한 미디어 혁명으로 인한 의사소통 환경의 변화로 어린이들의 생각과 집중력은 짧아지고, 소통과 서로 간의 연결이 국소화·약화되고 있어 강한 유대로 묶여야 할 학급 집단 만들기가 어려워지고 있습니다. 학급 전체의 응집성을 추구하는 강한 집단보다는 마음이 통하는 사람만의 작은 그룹이 마음 편해서 좋고, 수업에서도 약한 연대의 집단에서 배우는 쪽이 소속감이나 배움의 느낌이 더 강합니다.

이는 어린이들에 국한된 것만은 아닙니다. 실은 성인에게도 이미 나타나고 있습니다. 성인 대상의 연수회나 연구회에서도, 또 교내 연수에서도 최근에는 강의형이나 전체 토론형보다 워크숍형 쪽이 주류가 되었습니다. 예전에는 일과 후에 선배가 후배를 데리고 식사하러 가는 일도 종종 있었습니다. 밤늦게까지, 선배가 수업에 대한 이상이나 철학, 비법을 말할 때가 자주 있었습니다. 그런 기회도 소중하지만, 지금의 젊은 감각에는 힘들다고 느낄 것입니다.

젊은 교사에게는 강한 연대 속에서 딱딱한 논의를 철저하게 진행하는 것보다는, 카페와 같은 편안한 분위기에서 가벼운 감각으로 의논하는 것이 즐겁고, 즐겁기 때문에 논의도 깊어집니다. 이것이 지금 성인의 배움의 모습이므로, 어린이에게는 더욱더 그렇게 되겠지요. 아늑하고 부드러운 관계 속에서 이루어지는 카페적인 대화가 배우기 쉽다는 의사소통 감각을 어린이들도 갖고 있고, 학습자 주체의 참여형 수업이 강조되는 본질적 배경은 이런 점에 있다는 것을 이해해야 합니다.

느슨한 관계에서 이루어지는 카페에서의 대화 쪽이 배우기 쉽다는 감각을 어른들뿐만 아니라 어린이들도 갖고 있어, 이 점이 학습자 주체의 참여형 수업이 강조되는 본질적인 배경이 되고 있다.

2. 교실에서의 '언어 혁명'

라운드 스터디를 비롯한 워크숍형의 배움은, 생각하기, 쓰기, 말하기와 관련해 종래의 교실에서 많이 보이는 의사소통의 구조를 되돌아보고 개선해야 한다는 시각을 갖고 있습니다.

일본의 많은 수업들이 스스로 해결하기 위해 생각하고, 생각한 것을 기록하고, 기록한 것을 보며 모둠 활동을 하고, 모둠에서 대화한 내용을 화이트보드에 써서 정리한 다음, 학급 전체에게 발표하는 식으로 진행됩니다.

반면, 워크숍형 배움에서는 생각하기, 쓰기, 말하기의 세 가지가 단절되지 않습니다. 각자 생각하면서 서로 이야기하고, 거기서 나온 의견이나 생각난 것을 그대로 화이트보드나 모조지에 적고, 적은 것이 눈에 보이기 때문에 대화나 개인의 생각이 더 촉발되는 그런 구조입니다.

이것은 대화활동도 써서 발표하는 것에 중점을 둔, 쓰기 언어 우세인 교실의 의사소통에 비해서, 즉흥성이나 상호 촉발되어 나타나는 우발성을 특징으로 하는 말하기 언어를 복권하는 것을 의미합니다(언어 혁명).

쓰기 언어 우세의 의사소통은 생각한 것을 남겨서 분석적으로 검토하여 사고를 체계화하기에는 효과적이지만, 사람과 사람을 연계해 새로운 아이디어를 만들어 내는 것은 말하기 언어 우세의 의사소통 쪽이 강점을 발휘합니다.

카페 같은 자유로운 분위기에서 생각하기, 쓰기, 말하기가 일체화되어 전개되는, 작은 배움의 장은 쉽게 창의적인 소통을 만들어 냅니다. 이런 창의적인 의사소통이라는 점에서 라운드 스터디에서의 교사의 배움과 액티브 러닝에서의 어린이의 배움은 서로 닮은 형태입니다.

함께 배우는 교사집단의 가능성

최근에 실천적 지도력 중시의 교원양성 개혁이 전개되면서, 그것이 바로 써먹을 수 있는 능력 중시로 왜소화되거나, 실무가로서 실천할 수 있는 것(자질) 혹은 교육공무원으로서의 사명감이나 태도(성실)가 과도하게 강조되고 있다는 생각이 듭니다.

한편으론, 이상적으로 생각하는 교육의 이미지나 실천의 방향성을 내적으로 숙고하여 인간, 어린이, 교육에 관한 관점이나 사상을 깊게 공부하는 기회가, 양성 단계에서도 현직연수 단계에서도 속빈 강정이 되고 있습니다. 그 결과 지금 교사들은 교육 이념이나 방향성을, 자신의 실천 의미를, 학습지도요령 등에서 빌려 온 언어로만 말할 수밖에 없게 된 것은 아닐까요.

새로운 학습지도요령에서 액티브 러닝의 강조로 인해 수업의 진행 방법이나 수업을 이야기하는 말마저도 직접적·제도적으로 규정됨으로써 교사의 일이 하청화되어 가는 점이 우려스럽습니다.

즉 '수업의 절정', '고정관념 흔들기', '빚어내기' 등 현장에서 창조·공유되어 온 교사들의 실천적 말과 논리가 점차 약화됨과 동시에, 그와 같은 말들이 생겨난 밑바탕에 있는, 교사들이 추구해 온 직업적 기능과 사상성이 깊게 빛나는 수업이, 유행하는 외래어에 맞는 가벼운 접촉의 수업으로 변질되어 버리는 것이 걱정됩니다.

구체적 실천을 통한 더불어 배움, 새로운 발견, 지혜의 일반화와 공유를 만들어 내는 라운드 스터디에 의한 배움을, 점차 약화되고 입지가 좁아지고 있는 현장 교육학의 재구축과 재생으로 이어 가는 시점이 중요합니다.

이시이石井

> 약화되고 좁아지고 있는 현장 교육학의 재구축과 재생으로 이어 가는 것이, 라운드 스터디의 배움이고, 최대의 사명이다.

삶의 행복을 꿈꾸는 교육은 어디에서 오는가?

미래 100년을 향한 새로운 교육 　**혁신교육을 실천하는 교사들의 필독서**

▶ 교육혁명을 앞당기는 배움책 이야기
혁신교육의 철학과 잉걸진 미래를 만나다!

한국교육연구네트워크 총서

01 핀란드 교육혁명
한국교육연구네트워크 엮음 | 320쪽 | 값 15,000원

02 일제고사를 넘어서
한국교육연구네트워크 엮음 | 284쪽 | 값 13,000원

03 새로운 사회를 여는 교육혁명
한국교육연구네트워크 엮음 | 380쪽 | 값 17,000원

04 교장제도 혁명
한국교육연구네트워크 엮음 | 268쪽 | 값 14,000원

05 새로운 사회를 여는 교육자치 혁명
한국교육연구네트워크 엮음 | 312쪽 | 값 15,000원

06 혁신학교에 대한 교육학적 성찰
한국교육연구네트워크 엮음 | 308쪽 | 값 15,000원

07 진보주의 교육의 세계적 동향
한국교육연구네트워크 엮음 | 324쪽 | 값 17,000원

08 더 나은 세상을 위한 학교혁명
한국교육연구네트워크 엮음 | 404쪽 | 값 21,000원

한국교육연구네트워크 번역 총서

01 프레이리와 교육
존 엘리아스 지음 | 한국교육연구네트워크 옮김
276쪽 | 값 14,000원

02 교육은 사회를 바꿀 수 있을까?
마이클 애플 지음 | 강희룡·김선우·박원순·이형빈 옮김
356쪽 | 값 16,000원

03 비판적 페다고지는 세상을 변화시킬 수 있는가?
Seewha Cho 지음 | 심성보·조시화 옮김 | 280쪽 | 값 14,000원

04 마이클 애플의 민주학교
마이클 애플·제임스 빈 엮음 | 강희룡 옮김 | 276쪽 | 값 14,000원

05 21세기 교육과 민주주의
넬 나딩스 지음 | 심성보 옮김 | 392쪽 | 값 18,000원

06 세계교육개혁: 민영화 우선인가 공적 투자 강화인가?
린다 달링-해먼드 외 지음 | 심성보 외 옮김 | 408쪽 | 값 21,000원

혁신학교
성열관·이순철 지음 | 224쪽 | 값 12,000원

행복한 혁신학교 만들기
초등교육과정연구모임 지음 | 264쪽 | 값 13,000원

서울형 혁신학교 이야기
이부영 지음 | 320쪽 | 값 15,000원

혁신교육, 철학을 만나다
브렌트 데이비스·데니스 수마라 지음
현인철·서용선 옮김 | 304쪽 | 값 15,000원

혁신교육 존 듀이에게 묻다
서용선 지음 | 292쪽 | 값 14,000원

다시 읽는 조선 교육사
이만규 지음 | 750쪽 | 값 33,000원

대한민국 교육혁명
교육혁명공동행동 연구위원회 지음 | 224쪽 | 값 12,000원

대한민국 교사, 어떻게 가르칠 것인가?
윤성관 지음 | 320쪽 | 값 15,000원

아이들을 어떻게 가르칠 것인가
사토 마나부 지음 | 박찬영 옮김 | 232쪽 | 값 13,000원

모두를 위한 국제이해교육
한국국제이해교육학회 지음 | 364쪽 | 값 16,000원

경쟁을 넘어 발달 교육으로
현광일 지음 | 288쪽 | 값 14,000원

독일 교육, 왜 강한가?
박성희 지음 | 324쪽 | 값 15,000원

핀란드 교육의 기적
한넬레 니에미 외 엮음 | 장수명 외 옮김 | 456쪽 | 값 23,000원

한국 교육의 현실과 전망
심성보 지음 | 724쪽 | 값 35,000원

▶ 비고츠키 선집 시리즈
발달과 협력의 교육학 어떻게 읽을 것인가?

 생각과 말
레프 세묘노비치 비고츠키 지음
배희철·김용호·D. 켈로그 옮김 | 690쪽 | 값 33,000원

 성장과 분화
L.S. 비고츠키 지음 | 비고츠키 연구회 옮김
308쪽 | 값 15,000원

 도구와 기호
비고츠키·루리야 지음 | 비고츠키 연구회 옮김
336쪽 | 값 16,000원

 의식과 숙달
L.S 비고츠키 | 비고츠키 연구회 옮김
348쪽 | 값 17,000원

 어린이 자기행동숙달의 역사와 발달 I
L.S. 비고츠키 지음 | 비고츠키 연구회 옮김
564쪽 | 값 28,000원

 분열과 사랑
L.S. 비고츠키 지음 | 비고츠키연구회 옮김
260쪽 | 값 16,000

 어린이 자기행동숙달의 역사와 발달 II
L.S. 비고츠키 지음 | 비고츠키 연구회 옮김
552쪽 | 값 28,000원

 관계의 교육학, 비고츠키
진보교육연구소 비고츠키교육학실천연구모임 지음
300쪽 | 값 15,000원

 어린이의 상상과 창조
L.S. 비고츠키 지음 | 비고츠키 연구회 옮김
280쪽 | 값 15,000원

 비고츠키 생각과 말 쉽게 읽기
진보교육연구소 비고츠키교육학실천연구모임 지음
316쪽 | 값 15,000원

 연령과 위기
L.S. 비고츠키 지음 | 비고츠키 연구회 옮김
336쪽 | 값 17,000원

 비고츠키와 인지 발달의 비밀
A.R. 루리야 지음 | 배희철 옮김 | 280쪽 | 값 15,000원

 수업과 수업 사이
비고츠키 연구회 지음 | 196쪽 | 값 12,000원

 교사와 부모를 위한 비고츠키 교육학
카르포프 지음 | 실천교사번역팀 옮김 | 308쪽 | 값 15,000원

 비고츠키의 발달교육이란 무엇인가?
비고츠키교육학실천연구모임 지음 | 412쪽 | 값 21,000원

▶ 살림터 참교육 문예 시리즈
영혼이 있는 삶을 가르치는 온 선생님을 만나다!

 꽃보다 귀한 우리 아이는
조재도 지음 | 244쪽 | 값 12,000원

 선생님이 먼저 때렸는데요
강병철 지음 | 248쪽 | 값 12,000원

 성깔 있는 나무들
최은숙 지음 | 244쪽 | 값 12,000원

 서울 여자, 시골 선생님 되다
조경선 지음 | 252쪽 | 값 12,000원

 아이들에게 세상을 배웠네
명혜정 지음 | 240쪽 | 값 12,000원

 행복한 창의 교육
최창의 지음 | 328쪽 | 값 15,000원

 밥상에서 세상으로
김흥숙 지음 | 280쪽 | 값 13,000원

 북유럽 교육 기행
정애경 외 14인 지음 | 288쪽 | 값 14,000원

 우물쭈물하다 끝난 교사 이야기
유기창 지음 | 380쪽 | 값 17,000원

▶ 4·16, 질문이 있는 교실 마주이야기
통합수업으로 혁신교육과정을 재구성하다!

 통하는 공부
김태호·김형우·이경석·심우근·허진만 지음
324쪽 | 값 15,000원

 내일 수업 어떻게 하지?
아이함께 지음 | 300쪽 | 값 15,000원
2015 세종도서 교양부문

 인간 회복의 교육
성래운 지음 | 260쪽 | 값 13,000원

 교과서 너머 교육과정 마주하기
이윤미 외 지음 | 368쪽 | 값 17,000원

 수업 고수들 수업·교육과정·평가를 말하다
박현숙 외 지음 | 368쪽 | 값 17,000원

 도덕 수업, 책으로 묻고 윤리로 답하다
울산도덕교사모임 지음 | 320쪽 | 값 15,000원

 체육 교사, 수업을 말하다
전용진 지음 | 304쪽 | 값 15,000원

 교실을 위한 프레이리
아이러 쇼어 엮음 | 사람대사람 옮김 | 412쪽 | 값 18,000원

 마을교육공동체란 무엇인가?
서용선 외 지음 | 360쪽 | 값 17,000원

 교사, 학교를 바꾸다
정진화 지음 | 372쪽 | 값 17,000원

 함께 배움
학생 주도 배움 중심 수업 이렇게 한다
니시카와 준 지음 | 백경석 옮김 | 280쪽 | 값 15,000원

 공교육은 왜?
홍섭근 지음 | 352쪽 | 값 16,000원

 자기혁신과 공동의 성장을 위한
교사들의 필리버스터
윤양수·원종희·장군·조경삼 지음 | 280쪽 | 값 14,000원

 함께 배움 이렇게 시작한다
니시카와 준 지음 | 백경석 옮김 | 196쪽 | 값 12,000원

 함께 배움 교사의 말하기
니시카와 준 지음 | 백경석 옮김 | 188쪽 | 값 12,000원

교육과정 통합, 어떻게 할 것인가?
성열관 외 지음 | 192쪽 | 값 13,000원

 미래교육의 열쇠, 창의적 문화교육
심광현·노명우·강정석 지음 | 368쪽 | 값 16,000원

 주제통합수업, 아이들을 수업의 주인공으로!
이윤미 외 지음 | 392쪽 | 값 17,000원

 수업과 교육의 지평을 확장하는 수업 비평
윤양수 지음 | 316쪽 | 값 15,000원
2014 문화체육관광부 우수교양도서

 교사, 선생이 되다
김태은 외 지음 | 260쪽 | 값 13,000원

 교사의 전문성, 어떻게 만들어지나
국제교원노조연맹 보고서 | 김석규 옮김 392쪽 | 값 17,000원

 수업의 정치
윤양수·원종희·장군 지음 | 280쪽 | 값 14,000원

 학교협동조합,
현장체험학습과 마을교육공동체를 잇다
주수원 외 지음 | 296쪽 | 값 15,000원

 거꾸로교실,
잠자는 아이들을 깨우는 수업의 비밀
이민경 지음 | 280쪽 | 값 14,000원

 교사는 무엇으로 사는가
정은균 지음 | 292쪽 | 값 15,000원

 마음의 힘을 기르는 감성수업
조선미 외 지음 | 300쪽 | 값 15,000원

 작은 학교 아이들
지경준 엮음 | 376쪽 | 값 17,000원

 아이들의 배움은 어떻게 깊어지는가
이시이 준지 지음 | 방지현·이창희 옮김 | 200쪽 | 값 11,000원

 대한민국 입시혁명
참교육연구소 입시연구팀 지음 | 220쪽 | 값 12,000원

 교사를 세우는 교육과정
박승열 지음 | 312쪽 | 값 15,000원

 전국 17명 교육감들과 나눈
교육 대담
최창의 대담·기록 | 272쪽 | 값 15,000원

 들뢰즈와 가타리를 통해
유아교육 읽기
리세롯 마리엣 올슨 지음 | 이연선 외 옮김 | 328쪽 | 값 17,000원

동양사상에게 인공지능 시대를 묻다
홍승표 외 지음 | 260쪽 | 값 15,000원

학교 혁신의 길, 아이들에게 묻다
남궁상운 외 지음 | 272쪽 | 값 15,000원

프레이리의 사상과 실천
사람대사람 지음 | 352쪽 | 값 18,000원

혁신학교, 한국 교육의 미래를 열다
송순재 외 지음 | 608쪽 | 값 30,000원

페다고지를 위하여
프레네의 『페다고지 불변요소』 읽기
박찬영 지음 | 296쪽 | 값 15,000원

노자와 탈현대 문명
홍승표 지음 | 284쪽 | 값 15,000원

선생님, 민주시민교육이 뭐예요?
염경미 지음 | 244쪽 | 값 15,000원

어쩌다 혁신학교
유우석 외 지음 | 380쪽 | 값 17,000원

미래, 교육을 묻다
정광필 지음 | 232쪽 | 값 15,000원

대학, 협동조합으로 교육하라
박주희 외 지음 | 252쪽 | 값 15,000원

입시, 어떻게 바꿀 것인가?
노기원 지음 | 306쪽 | 값 15,000원

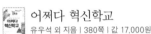
촛불시대, 혁신교육을 말하다
이용관 지음 | 240쪽 | 값 15,000원

라운드 스터디
이시이 데루마사 외 엮음 | 224쪽 | 값 15,000원

학교 민주주의의 불한당들
정은균 지음 | 276쪽 | 값 14,000원

교육과정, 수업, 평가의 일체화
리사 카터 지음 | 박승열 외 옮김 | 196쪽 | 값 13,000원

학교를 개선하는 교장
지속가능한 학교 혁신을 위한 실천 전략
마이클 풀란 지음 | 서동연·정효준 옮김 | 216쪽 | 값 13,000원

공자던, 논어는 이것이다
유문상 지음 | 392쪽 | 값 18,000원

교사와 부모를 위한
발달교육이란 무엇인가?
현광일 지음 | 380쪽 | 값 18,000원

교사, 이오덕에게 길을 묻다
이무완 지음 | 328쪽 | 값 15,000원

낙오자 없는 스웨덴 교육
레이프 스트란드베리 지음 | 변광수 옮김 | 208쪽 | 값 13,000원

끝나지 않은 마지막 수업
장석웅 지음 | 328쪽 | 값 20,000원

대구, 박정희 패러다임을 넘다
세대열 엮음 | 292쪽 | 값 20,000원

경기꿈의학교
진흥섭 외 지음 | 360쪽 | 값 17,000원

학교를 말한다
이성우 지음 | 292쪽 | 값 15,000원

행복도시 세종, 혁신교육으로 디자인하다
곽순일 외 지음 | 392쪽 | 값 18,000원

▶ 남북이 하나 되는 두물머리 평화교육
분단 극복을 위한 치열한 배움과 실천을 만나다

10년 후 통일
정동영·지승호 지음 | 328쪽 | 값 15,000원

분단시대의 통일교육
성래운 지음 | 428쪽 | 값 18,000원

한반도 평화교육 어떻게 할 것인가
이기범 외 지음 | 252쪽 | 값 15,000원

선생님, 통일이 뭐예요?
정경호 지음 | 252쪽 | 값 13,000원

김창환 교수의 DMZ 지리 이야기
김창환 지음 | 264쪽 | 값 15,000원

▶ 교과서 밖에서 만나는 역사 교실
상식이 통하는 살아 있는 역사를 만나다

전봉준과 동학농민혁명
조광환 지음 | 336쪽 | 값 15,000원

교과서 밖에서 배우는 역사 공부
정은교 지음 | 292쪽 | 값 14,000원

남도의 기억을 걷다
노성태 지음 | 344쪽 | 값 14,000원

팔만대장경도 모르면 빨래판이다
전병철 지음 | 360쪽 | 값 16,000원

응답하라 한국사 1·2
김은석 지음 | 356쪽·368쪽 | 각권 값 15,000원

빨래판도 잘 보면 팔만대장경이다
전병철 지음 | 360쪽 | 값 16,000원

즐거운 국사수업 32강
김남선 지음 | 280쪽 | 값 11,000원

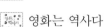
영화는 역사다
강성률 지음 | 288쪽 | 값 13,000원

즐거운 세계사 수업
김은석 지음 | 328쪽 | 값 13,000원

친일 영화의 해부학
강성률 지음 | 264쪽 | 값 15,000원

강화도의 기억을 걷다
최보길 지음 | 276쪽 | 값 14,000원

한국 고대사의 비밀
김은석 지음 | 304쪽 | 값 13,000원

광주의 기억을 걷다
노성태 지음 | 348쪽 | 값 15,000원

조선족 근현대 교육사
정미량 지음 | 320쪽 | 값 15,000원

**선생님도 궁금해하는
한국사의 비밀 20가지**
김은석 지음 | 312쪽 | 값 15,000원

다시 읽는 조선근대교육의 사상과 운동
윤건차 지음 | 이명실·심성보 옮김 | 516쪽 | 값 25,000원

걸림돌
키르스텐 세룹-빌펠트 지음 | 문봉애 옮김
248쪽 | 값 13,000원

음악과 함께 떠나는 세계의 혁명 이야기
조광환 지음 | 292쪽 | 값 15,000원

역사수업을 부탁해
열 사람의 한 걸음 지음 | 388쪽 | 값 18,000원

논쟁으로 보는 일본 근대교육의 역사
이명실 지음 | 324쪽 | 값 17,000원

진실과 거짓, 인물 한국사
하성환 지음 | 400쪽 | 값 18,000원

다시, 독립의 기억을 걷다
노성태 지음 | 320쪽 | 값 16,000원

▶ 평화샘 프로젝트 매뉴얼 시리즈
학교 폭력에 대한 근본적인 예방과 대책을 찾는다

학교 폭력 어떻게 만들어지는가
문재현 외 지음 | 300쪽 | 값 14,000원

아이들을 살리는 동네
문재현·신동명·김수동 지음 | 204쪽 | 값 10,000원

학교 폭력, 멈춰!
문재현 외 지음 | 348쪽 | 값 15,000원

평화! 행복한 학교의 시작
문재현 외 지음 | 252쪽 | 값 12,000원

왕따, 이렇게 해결할 수 있다
문재현 외 지음 | 236쪽 | 값 12,000원

마을에 배움의 길이 있다
문재현 지음 | 208쪽 | 값 10,000원

젊은 부모를 위한 백만 년의 육아 슬기
문재현 지음 | 248쪽 | 값 13,000원

별자리, 인류의 이야기 주머니
문재현·문한뫼 지음 | 444쪽 | 값 20,000원

우리는 마을에 산다
유양우·신동명·김수동·문재현 지음 | 312쪽 | 값 15,000원

▶ 더불어 사는 정의로운 세상을 여는 인문사회과학
사람의 존엄과 평등의 가치를 배운다

 밥상혁명
강양구·강이현 지음 | 298쪽 | 값 13,800원

 좌우지간 인권이다
안경환 지음 | 288쪽 | 값 13,000원

 도덕 교과서 무엇이 문제인가?
김대용 지음 | 272쪽 | 값 14,000원

 민주시민교육
심성보 지음 | 544쪽 | 값 25,000원

 자율주의와 진보교육
조엘 스프링 지음 | 심성보 옮김 | 320쪽 | 값 15,000원

 민주시민을 위한 도덕교육
심성보 지음 | 500쪽 | 값 25,000원
2015 세종도서 학술부문

 민주화 이후의 공동체 교육
심성보 지음 | 392쪽 | 값 15,000원
2009 문화체육관광부 우수학술도서

 교과서 밖에서 배우는 인문학 공부
정은교 지음 | 280쪽 | 값 13,000원

 갈등을 넘어 협력 사회로
이창언·오수길·유문종·신윤관 지음 | 280쪽 | 값 15,000원

 오래된 미래교육
정재걸 지음 | 392쪽 | 값 18,000원

 동양사상과 마음교육
정재걸 외 지음 | 356쪽 | 값 16,000원
2015 세종도서 학술부문

 대한민국 의료혁명
전국보건의료산업노동조합 엮음 | 548쪽 | 값 25,000원

 교과서 밖에서 배우는 철학 공부
정은교 지음 | 280쪽 | 값 14,000원

 교과서 밖에서 배우는 고전 공부
정은교 지음 | 288쪽 | 값 14,000원

 교과서 밖에서 배우는 사회 공부
정은교 지음 | 304쪽 | 값 15,000원

 전체 안의 전체 사고 속의 사고
김우창의 인문학을 읽다
현광일 지음 | 320쪽 | 값 15,000원

 교과서 밖에서 배우는 윤리 공부
정은교 지음 | 292쪽 | 값 15,000원

 카스트로, 종교를 말하다
피델 카스트로·프레이 베토 대담 | 조세종 옮김
420쪽 | 값 21,000원

 한글 혁명
김슬옹 지음 | 388쪽 | 값 18,000원

 일제강점기 한국철학
이태우 지음 | 448쪽 | 값 25,000원

▶ 창의적인 협력 수업을 지향하는 삶이 있는 국어 교실
우리말 글을 배우며 세상을 배운다

 중학교 국어 수업 어떻게 할 것인가?
김미경 지음 | 340쪽 | 값 15,000원

 토론의 숲에서 나를 만나다
명혜정 엮음 | 312쪽 | 값 15,000원

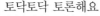 **토닥토닥 토론해요**
명혜정·이명선·조선미 엮음 | 288쪽 | 값 15,000원

 인문학의 숲을 거니는 토론 수업
순천국어교사모임 엮음 | 308쪽 | 값 15,000원

 어린이와 시
오인태 지음 | 192쪽 | 값 12,000원

 수업, 슬로리딩과 함께
박경숙·강슬기·김정욱·장소현·강민정·전혜림·이혜민 지음
268쪽 | 값 15,000원

▶출간 예정

참된 삶과 교육에 관한
생각 줍기